HISTORIQUE

DE

L'INDUSTRIE SUISSE

DES

MATIÈRES COLORANTES ARTIFICIELLES

PAR

George F. JAUBERT

DOCTEUR ÈS SCIENCES

PUBLIÉ A L'OCCASION DE L'EXPOSITION NATIONALE DE GENÈVE

SOUS LES AUSPICES DE

MM. JEAN ROD. GEIGY & Cie
LA SOCIÉTÉ POUR L'INDUSTRIE CHIMIQUE A BALE } A BALE
MM. L. DURAND, HUGUENIN & Cie

(GROUPE XXVIII. PROF. Dr C. GRAEBE, PRÉSIDENT)

GENÈVE

GEORG & Co, LIBRAIRES-ÉDITEURS

BALE ET LYON MÊME MAISON

1896

HISTORIQUE

DE

L'INDUSTRIE SUISSE

DES

ATIÈRES COLORANTES ARTIFICIELLES

PAR

George F. JAUBERT

DOCTEUR ÉS SCIENCES

PUBLIÉ A L'OCCASION DE L'EXPOSITION NATIONALE DE GENÈVE

SOUS LES AUSPICES DE

MM. JEAN ROD. GEIGY & Cie
LA SOCIÉTÉ POUR L'INDUSTRIE CHIMIQUE A BALE } A BALE
MM. L. DURAND, HUGUENIN & Cie

(GROUPE XXVIII. PROF. Dr C. GRAEBE, PRÉSIDENT)

GENÈVE

GEORG & Co, LIBRAIRES-ÉDITEURS

BALE ET LYON MÊME MAISON

1896

Imprimerie W. Kündig & Fils
Genève

INTRODUCTION

C'est au mois d'avril 1856, il y a exactement
40 ans que William Henry Perkin, découvrit la
Mauvéïne, la première matière colorante artificielle
dérivée de l'aniline. Cette couleur violette, superbe
pour l'époque, teignant la soie sans mordants et en
nuances solides eut auprès des teinturiers un succès
sans précédent.

Dès ce moment, le goudron de houille qui jusqu'alors n'avait été qu'une sorte de résidu encom-
brant devint la source intarissable d'où jaillirent à
flots pressés les belles découvertes que l'on sait.

La découverte des matières colorantes artificielles
n'a pas eu seulement pour résultat d'enrichir la pa-
lette du teinturier de toute une gamme de nuances
inconnues jusqu'alors, elle a eu encore cet effet
remarquable d'imprimer aux recherches scientifiques une impulsion extraordinaire. C'est en effet à
l'industrie des matières colorantes artificielles que
nous devons notre connaissance très étendue de

la série aromatique et en particulier des dérivés de la naphtaline[1]. Ce fait, unique peut-être dans l'histoire de la science, montre avec évidence l'influence réciproque que la science et l'industrie exercent l'une sur l'autre, la liaison nécessaire de la théorie et de la pratique et comment tout fait acquis par la seconde contribue au développement de la première.

L'historique des matières colorantes artificielles forme aujourd'hui un ensemble considérable et occupe une grande place dans la chimie organique aussi a-t-il été exposé à maintes reprises par la plume des savants les plus autorisés. Dans l'étude qui suit, et que nous présentons tant au monde scientifique qu'au monde industriel, nous nous attacherons particulièrement à démontrer et à établir la part qui dans ce grand mouvement revient à la Suisse.

Par sa situation géographique et économique, la Suisse se trouve dans une position peu favorable au développement de l'industrie chimique en général. N'ayant ni mines de houille, ni matières premières à sa disposition elle est forcée de recourir au marché étranger. La Suisse en outre se trouve isolée au milieu du continent ne possédant pas de cours d'eau navigables la mettant en communication avec les ports de mer qui pourraient

---

[1] Voir F. REVERDIN ET FULDA. Naphtalinderivate, Georg et C°, 1894.

l'approvisionner de charbon et de produits des pays tropicaux (minerais, salpêtre, pyrites, bois tinctoriaux, etc...). Dans ces circonstances l'industrie des acides, du chlore et des alcalis, en un mot, ce que l'on est convenu de nommer la « grande industrie chimique » *l'alma mater* d'où dérivent toutes les autres et en particulier l'industrie des colorants artificiels, s'est peu développée dans notre pays. Les bénéfices réalisés dans la fabrication des acides, de la soude et de la potasse étant très limités, la vitalité de la « grande industrie chimique » n'est assurée que par une production dépassant la consommation nationale, en un mot la *surproduction*. Dans un petit pays comme la Suisse, la consommation nationale étant forcément limitée, la surproduction sans recourir à l'exportation devient impossible. C'est à ce moment que la situation géographique défavorable de la Suisse se fait sentir à nouveau et plus fortement. Comment penser à lutter sérieusement avec les industriels des pays voisins et tenter d'imposer nos produits à leur clientèle alors qu'il faut non seulement au prix élevé des matières premières que l'on a dû à grands frais faire venir de l'étranger et au prix de la main-d'œuvre élevé chez nous, ajouter les frais de transport et d'emballage pour l'exportation !

Le problème de la vitalité dans notre pays d'une industrie quelconque se trouve ainsi en même temps posé et résolu : L'industrie qui a le plus de chances de se développer en Suisse est celle qui emploie les matières premières le meilleur marché pour les transformer en produits manufacturés les plus chers. C'est en outre l'industrie dont les procédés nécessiteront la plus petite dépense de combustible qui se développera le plus sûrement.

Ces considérations nous expliquent le grand développement en Suisse de l'industrie horlogère qui part d'une matière première de valeur nulle comparée à celle du produit final ; de l'industrie des fibres textiles dont le coton la matière première est à très bas prix ; des industries mécaniques enfin, dont le point de départ est le fer et l'acier.

Une des branches de la « grande industrie chimique », à laquelle l'avenir réserve, dans notre pays, un développement considérable, est celle de l'industrie du chlore. Il est certain que dans un avenir rapproché, l'électricité aura pris une place de plus en plus prépondérante dans les moyens employés par l'industrie chimique. L'emploi des méthodes électrolytiques se généralise toujours plus rapidement et le courant électrique qui est déjà appliqué en Suisse (Vallorbes) sur une grande échelle à la production du chlorate de potasse sera appliqué d'une manière générale à la préparation des chlorures décolorants, de la potasse et de la soude. La Suisse se trouvera à ce moment dans une situation privilégiée, l'énergie électrique pouvant y être obtenue à très bas prix, grâce à l'utilisation de la

force motrice gratuite empruntée aux chutes d'eau.
Il est intéressant de constater quelle large place se
sont faites les méthodes électro-chimiques dans les
applications de chaque jour. Le courant électrique
a été appliqué aussi aux méthodes de la chimie organique (Gattermann, Elbs). La *Société pour l'industrie chimique à Bâle* a breveté (DRP. 84,607 du
23 mars 1895) la préparation de matières colorantes de la série de la rosaniline au moyen du courant
électrique. La fuchsine (Dr J. Schmid et Dr Kronstein) est préparée d'après ce brevet par électrolyse
du produit de condensation de la p. nitrobenzaldé-
hyde avec deux molécules d'aniline. Il est probable
que dans cette réaction il y a d'abord formation d'un
dérivé de l'hydroxylamine qui subit une transposition (fixation de l'hydroxyle au carbone méthanique) en présence d'un acide. L'*Orange direct* de la
Société pour l'industrie chimique (Dr J. Schmid et
M. Lauber) est aussi préparé au moyen du courant
électrique en partant d'un dérivé du paranitrotoluène.
Nous avons déjà parlé de la fabrique de chlorate
de potasse de Vallorbes, nous pourrions citer la manufacture d'aluminium de Neuhausen s/Rhin, l'une
des deux seules fabriques d'aluminium établies en
Europe. Il y aurait encore à citer les nombreuses raffineries de cuivre (Bellegarde, St-Michel de
Maurienne) et de zinc qui emploient des méthodes
électrolytiques. Puis la désinfection des eaux
d'égoût au moyen du courant électrique, le tannage

des peaux par l'électricité, le blanchiment des pâtes
à papier par les procédés Hermite, la préparation du
carborundum de M. Acheson, siliciure de carbone,
corps très dur qui remplace l'émeri dans ses nombreuses applications, enfin la préparation du carbure
de calcium qui sert de point de départ à la fabrication de l'acétylène, le gaz d'éclairage de l'avenir.

Comme on le voit l'électricité n'a pas dit son dernier mot, et il serait désirable de voir se développer
et se créer dans notre pays, de même qu'il en existe
déjà en Allemagne, des instituts électro-chimiques
destinés à préparer et à former l'armée d'électro-
techniciens dont la Suisse aura besoin d'ici à quelques années.

Si jusqu'à ce jour la « grande industrie » chimique, à une louable exception près (Gebrüder Schnorf
à Uetikon-Zurich) s'est relativement peu développée
dans notre pays, il n'en a pas été de même de l'industrie des matières colorantes artificielles.

L'industrie des matières colorantes dérivées du
goudron de houille, emploie comme matière première le goudron, un produit de peu de valeur,
résidu de la préparation du gaz d'éclairage et le
transforme en produits manufacturés d'une grande
valeur commerciale [1].

[1] La fuchsine se vendait couramment 1500 fr. le kilogramme
en 1859-1860 ; en 1874 l'éosine, une autre couleur artificielle se vendait 1000 fr. le kilogramme. A ce moment l'argent fin valait 200 fr.
et l'or 3500 fr. le kilogramme.

D'après ce que nous avons dit plus haut nous nous trouvons précisément dans les conditions requises pour la bonne marche dans notre pays d'une industrie quelconque, aussi un éclatant succès ne s'est-il pas fait attendre. L'industrie des matières colorantes artificielles qui, en Suisse ne compte pas encore quarante années d'existence, est devenue une des premières industries nationales et comme nous allons le prouver par des chiffres, si l'on tient compte de la petite étendue de la Suisse comparativement aux grands pays industriels, comme l'Allemagne, la France et l'Angleterre, notre pays se trouve être avec l'Allemagne à la tête de ce grand mouvement scientifique.

*
*   *

On peut estimer la production universelle des couleurs d'aniline à 125 millions de francs répartis de la façon suivante :

Suisse.	16 millions.
Allemagne . . .	90 »
France.	8-10 »
Angleterre . . .	8-9 »

La Suisse ne produit donc que le *cinquième* de la production allemande, mais si l'on tient compte de l'exiguité de notre pays qui est 16 à 20 fois moins peuplé que l'Allemagne, on voit que nous sommes

loin d'être en arrière au point de vue de la production. La Suisse à elle seule malgré des conditions
géographiques et économiques défavorables au développement de l'industrie chimique, a une production égale à celle de la France et de l'Angleterre
réunies.

Nous donnerons ci-après les chiffres d'importation
et d'exportation des couleurs d'aniline en Suisse.
Ainsi que les chiffres d'exportation de l'Allemagne.

| | SUISSE | | ALLEMAGNE |
	Importation.	Exportation.	Exportation en quintaux métriques.
1885	1,013,560 fr.	5,656,605 fr.	46,461
1886	1,496,000 »	6,457,016 »	57,004
1887	1,609,600 »	6,925,586 »	65,420
1888	1,468,000 »	6,823,948 »	69,055
1889	1,559,200 »	8,348,146 »	70,655
1890	1,532,000 »	8,924,656 »	72,809
1891	1,801,200 »	9,791,451 »	86,818
1892	1,493,960 »	11,383,234 »	107,251
1893	1,715,250 »	12,491,066 »	115,599
1894	1,761,750 »	13,146,534 »	123,681
1895	1,800,000 »	16,000,000 »	145,000

La production suisse et allemande pendant ces
dix dernières années, a augmenté dans des propor-
tions semblables :

En effet l'exportation allemande a augmenté depuis 1885 de 46,461 quintaux métriques, qu'elle at-

teignait alors, à 145,000 quintaux métriques, c'est
à dire que *l'exportation a triplé au cours de ces 10
dernières années.*

Il en a été de même pour l'exportation suisse qui,
de 5 millions en 1885, atteint actuellement 15 à 16
millions ; elle a donc *triplé* aussi et progressé d'une
manière identique à la production allemande.

Nous donnerons encore le tableau suivant qui
nous paraît intéressant, en ce sens qu'il donne les
pays de destination et leur importance pour l'exportation suisse et allemande des colorants artificiels :

Exportation des couleurs d'aniline pour 1894.

Pays de destination.	Exportation de la Suisse en francs.	Exportation allemande en quint. métr.
Allemagne	2,529,000	—
Angleterre	2,241,000	24,970
Etats-Unis d'Amérique .	1,584,000	23,259
Italie.	1,057,395	6,163
France	1,019,224	6,281
Autriche.	988,000	12,586
Russie	915,000	4,839
Indes Britanniques . .	753,000	7,450
Espagne.	575,000	1,655
Belgique.	463,873	4.309

Pays de destination.		Exportation de la Suisse en francs.	Exportation allemande en quint. métr.
Asie Orientale	Chine .	463,425	14,489
	Japon .		2,984
Suisse.			4,131
Hollande.			2,039

Nous donnerons encore les chiffres de l'exportation suisse aux Etats-Unis d'Amérique pendant les dix années 1885-1895 :

Exportation suisse des couleurs d'aniline aux Etats-Unis d'Amérique.

Année.	Exportation en francs.
1885.	577,652
1886.	586,379
1887.	676,739
1888.	640,766
1889.	919,254
1890.	926,877
1891.	838,554
1892.	1,191,612

Année.	Exportation en francs.
1893.	1,086,442 [1]
1894.	1,742,477
1895.	1,993,148

[1] Cette diminution de l'exportation est due à la mise en vigueur du bill Mac Kinley soumettant les colorants artificiels à un droit d'entrée de 35 %/o de leur valeur réelle. Le bill Mac Kinley a bientôt été remplacé par le bill Wilson qui n'exige plus qu'un droit d'entrée de 25 %/o.

Graphique résumant l'importation et l'exportation des couleurs d'aniline en Suisse pendant la période 1885-1895.

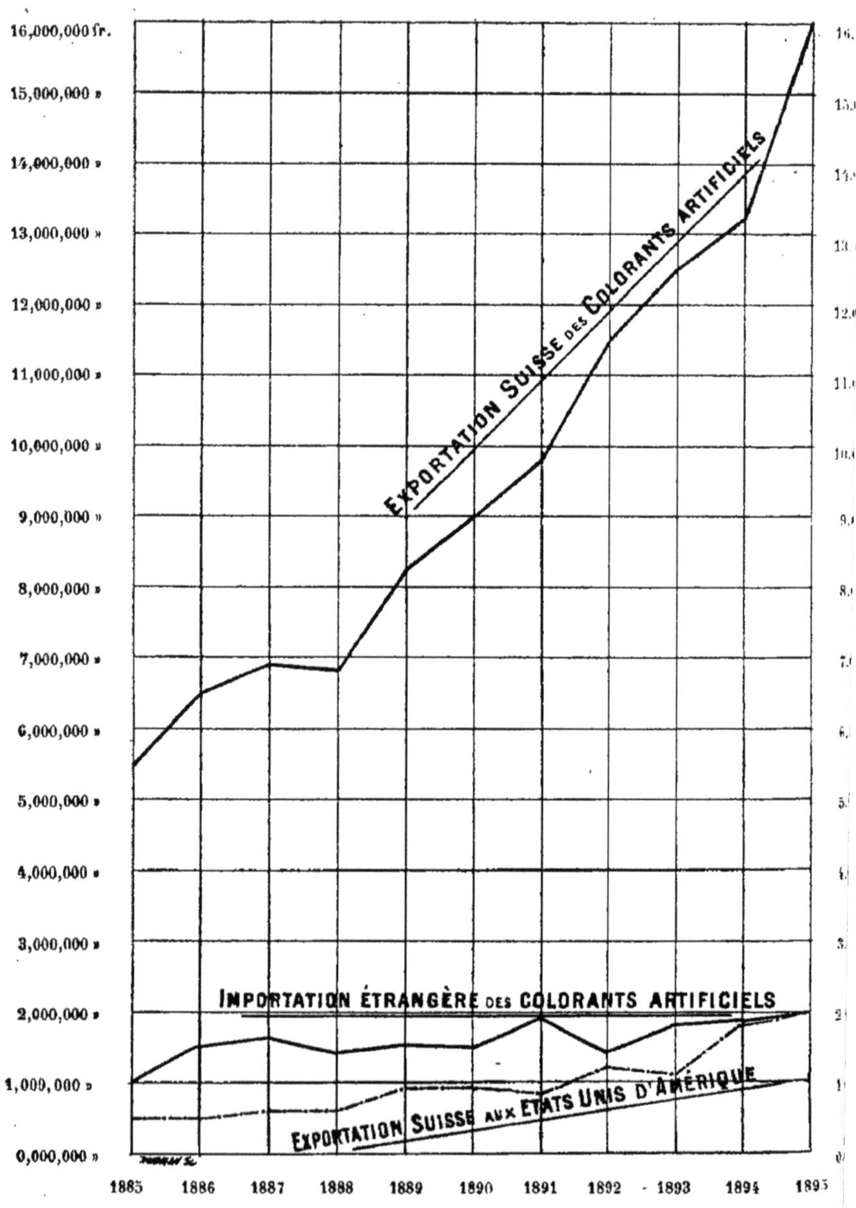

16,000,000 fr.
15,000,000 »
14,000,000 »
13,000,000 »
12,000,000 »
11,000,000 »
10,000,000 »
9,000,000 »
8,000,000 »
7,000,000 »
6,000,000 »
5,000,000 »
4,000,000 »
3,000,000 »
2,000,000 »
1,000,000 »
0,000,000 »
EXPORTATION SUISSE DES COLORANTS ARTIFICIELS
IMPORTATION ÉTRANGÈRE DES COLORANTS ARTIFICIELS
EXPORTATION SUISSE AUX ETATS UNIS D'AMÉRIQUE
1885 1886 1887 1888 1889 1890 1891 1892 1893 1894 1895

* *
*

Notre pays comme nous venons de le voir, se trouve dans des conditions particulièrement défavorables au développement de l'industrie chimique, aussi tout naturellement se pose la question : Comment et pourquoi l'industrie des colorants artificiels dérivés du goudron de houille, d'invention essentiellement anglaise et française, végète-t-elle dans son pays d'origine, a-t-elle presque complètement émigré en Allemagne et en Suisse et pris chez nous un développement aussi considérable ?

Cette question de la vitalité de l'industrie des colorants artificiels dans tel ou tel pays, a déjà servi de thème aux dissertations des savants et économistes les plus distingués, aussi nous contenterons-nous dans cette rapide esquisse d'indiquer à grands traits les divers points qui, à notre avis, ont contribué en Suisse au développement de cette industrie.

On s'accorde généralement à attribuer l'état florissant de notre industrie des colorants artificiels, avant tout à l'heureuse influence exercée par notre « Ecole polytechnique fédérale de Zurich », mais aussi à l'absence en Suisse d'une loi protégeant les inventions chimiques. Si la première partie de ce postulat est juste la seconde ne l'est pas, ou tout au moins ne l'est plus actuellement.

La première fabrique de couleurs d'aniline, fut fondée en 1857 par Perkin and Sons à Greenford-Green, près de Londres, et lança en 1858 ses premiers produits dans le commerce. En 1859, donc *une année* seulement après l'apparition des violets de Perkin sur le marché européen, la Suisse possédait déjà à Bâle dans la maison *Geigy* la première, ou une des premières manufactures de couleurs d'aniline qui ait pris naissance sur le continent.

Nous voyons ainsi la Suisse et particulièrement la ville de Bâle prendre dans cette branche de l'activité humaine, une place prépondérante dès l'aurore de l'industrie des colorants artificiels.

Cette même année 1859 est la date mémorable de la découverte de la fuchsine par Verguin. Ce produit breveté en France par son inventeur, devint le monopole exclusif d'une maison de Lyon qui le fabriquait par l'action des sels d'étain sur l'aniline.

La loi française de 1844, sur les brevets d'invention (de nos jours encore en vigueur!) protège non pas le procédé mais le produit commercial en lui-même, par quel moyen d'ailleurs qu'il soit préparé. Tout inventeur arrivant donc à préparer la fuchsine par un nouveau procédé (le nouveau procédé fût-il même plus pratique que l'ancien), se trouvait arrêté en si beau chemin et réduit à abandonner ses essais. Il en fut ainsi de MM. Louis Durand et Gerber-Keller qui, remplaçant dans le procédé de Verguin les sels d'étain par ceux de mercure, trouvèrent un nouveau mode de préparation de la fuchsine. Voulant retirer un bénéfice de leur découverte, ne pouvant toutefois l'exploiter en France à cause de la loi sur les brevets et du procès qui leur fut intenté par les possesseurs du brevet Verguin, nos inventeurs se virent forcés à émigrer et c'est en Suisse, à Bâle, que M. Gerber-Keller vint fonder sa fabrique et contribuer ainsi au développement dans notre pays de l'industrie des colorants artificiels.

Nous n'avons pas à discuter ici la valeur de la loi française sur les brevets d'invention, loi comme nous venons de le voir accordant aux inventeurs de véritables monopoles. Le fait historique que nous venons de citer parle par lui-même et nous montre que le système français de protection, s'il offre à l'inventeur une garantie sérieuse, exerce sur les industriels concurrents une désastreuse influence.

Considérons le cas de deux fabricants de couleurs d'aniline dont l'un sera l'heureux possesseur d'un brevet, c'est-à-dire du droit exclusif de fabrication et de vente en France d'un certain produit commercial de vente courante. Que va-t-il se passer ?

Le possesseur du brevet fabriquera son produit

d'après le procédé protégé par la loi, et le vendant réalisera de gros bénéfices. — Etant assuré pendant 15 ans (durée du brevet) de la vente exclusive en France du dit produit, notre industriel endormi dans une fausse sécurité se souciera peu d'améliorer son mode primitif de fabrication, d'en trouver un plus pratique et meilleur marché, en un mot de perfectionner son invention. N'étant pas aiguillonné par la concurrence il tombera peu à peu dans l'esprit de routine et d'empirisme et sa fabrication s'en ressentira [1].

L'industriel par contre qui ne possède pas de brevet, ne pouvant « tourner » celui de son heureux concurrent puisque c'est le produit final et non le procédé que la loi garantit à l'inventeur, sera donc tenté de faire de la contrefaçon, c'est-à-dire de fabriquer en cachette le produit breveté et d'écouler au moyen d'un intermédiaire une marchandise à bas prix et de mauvaise qualité.

Si la loi française de 1844 au lieu d'accorder aux inventeurs de véritables monopoles et de protéger souvent, si ce n'est toujours, une série de produits hypothétiques dont la préparation n'a jamais été réalisée au laboratoire, protégeait, non seulement

---

[1] La Société *La Fuchsine* qui exploitait le brevet Verguin, préparait son rouge d'aniline au commencement du 1865 avec un rendement de 15,5 % alors que le plus petit contre-facteur de l'étranger atteignait un rendement de 30 %.

les produits dont l'existence peut être prouvée par l'adjonction d'échantillons à la demande de brevet, mais aussi le procédé en lui-même, comme par exemple le fait le système américain, notre industriel plutôt que de faire de la contrefaçon, s'ingénierait à trouver un moyen *loyal* et *régulier* de « tourner » le brevet de son concurrent, c'est-à-dire de trouver un autre procédé pour arriver *loyalement* au même résultat final. — Dans ce but il exercerait toutes ses facultés d'inventeur pour y atteindre, et si, dans ces recherches d'*ordre purement scientifique*, on n'arrive pas toujours au résultat désiré, la science, donc l'industrie aussi, n'en ont pas moins bénéficié dans une large mesure. — En creusant pour trouver une mine d'or on découvre quelquefois à la place des gisements de fer ou de sel dont l'exploitation n'est pas moins lucrative !

Mais nous entendons déjà s'élever de nombreuses objections ! « Tourner » un brevet, améliorer un rendement, comparer les produits de sa fabrication à ceux de la concurrence, en un mot faire des recherches scientifiques, mais est-ce là un travail de manœuvre, peut-on le confier au premier ouvrier de fabrique venu ? Non certes, c'est le travail minutieux du savant dans son laboratoire, travail qui demande une attention de tous les instants et suppose chez celui qui l'exécute une éducation scientifique qu'il n'a pu acquérir qu'à l'école des maîtres les plus distingués !

Eh bien, la France[1] et l'Angleterre possèdent-elles cet élément nécessaire ? les maîtres illustres à qui incombe la tâche d'instruire les recrues de la science, livrent-ils chaque année, ce contingent si nécessaire de jeunes hommes rompus aux travaux de laboratoire et qui, placés plus tard à la tête de fabriques, les feront prospérer et tiendront bien haut, malgré la concurrence étrangère, le drapeau de l'industrie nationale !

Au début de la jeune industrie des colorants artificiels, le monde savant, tant en France qu'en Angleterre, la regardant comme un enfant prodige, s'y était momentanément intéressé. — Les chimistes les plus illustres ne dédaignèrent pas vouer leurs savantes et patientes recherches aux dérivés colorés du goudron de houille, mais peu à peu, oubliant que la science et l'industrie marchent de pair, par une aberration d'esprit spéciale que nous qualifierons de « pharisaïsme scientifique[2] » ces savants s'en détachèrent trouvant les recherches d'application d'un ordre bien inférieur à celui des recherches de spéculation pure.

Dès cet instant, l'arbre vigoureux qu'était alors

[1] Comparer au très remarquable « Rapport sur l'Exposition de Chicago » par M. A. Haller, Directeur de l'Institut chimique de Nancy, membre correspondant de l'Institut de France (Académie des sciences) — auquel nous avons fait de fréquents emprunts.

[2] Girard et de Laire. — Traité des dérivés de la houille. — Paris, 1873. Introduction, page VIII.

l'industrie anglaise et française des colorants artificiels, était atteint dans sa racine.

Ce temps d'arrêt du développement de l'industrie des dérivés du goudron de houille, survenu chez ces deux grandes nations, semble donc, tout au moins pour la France [1] provenir de deux causes : 1° Du système de protection. 2° De l'indifférence des savants pour les recherches d'application.

Il n'en a pas été de même en Allemagne et en Suisse.

Les causes de la prospérité de l'industrie des colorants artificiels dans notre pays, sont nombreuses et varient naturellement avec le point de vue auquel on se place.

Il faut citer en premier lieu les qualités mêmes du peuple suisse, son esprit pratique, son talent d'organisation et la notion très juste qu'il possède de l'utilité d'une division rationnelle du travail. — Il faut encore citer son esprit de suite, de persévérance dans la lutte et ses habitudes de discipline qui lui ont été inculquées dès l'école primaire.

Le peuple suisse possède en outre à un très haut degré l'esprit d'association et sait tout le parti que l'on peut tirer du groupement méthodique des forces vives qu'il a à sa disposition. Ainsi l'institution

---

[1] L'Angleterre possède à notre avis un système de protection de beaucoup supérieur au système français, mais elle aussi sous la tutelle du pharisaïsme scientifique est restée de même que la France dans un état stationnaire.

de la « Société Suisse des industries chimiques »
dont le but est de s'occuper de toutes les questions
relatives au bon fonctionnement de nos fabriques de
produits chimiques, teintures, impressions, etc...,
des questions relatives à l'assurance contre les acci-
dents, d'établir des statistiques et de résumer sous
forme de conférences dans des réunions annuelles
tenues tantôt dans une ville tantôt dans une autre,
les progrès réalisés dans une des branches de la
chimie appliquée.

Si toutes ces causes d'ordre moral et économique
ont contribué puissamment en Suisse au développement de l'industrie des matières colorantes artificielles, aucune n'a exercé une influence comparable
à celle de notre organisation scientifique. La Suisse,
une des premières, a compris toute l'importance qu'il
y a pour son industrie à créer de fortes écoles techniques, et c'est avant tout aux services rendus par l'Ecole
polytechnique fédérale de Zurich, et aux savants tels
que les Bolley, les Kopp, les Lunge, les Græbe, etc...
que la Suisse est redevable de l'état florissant de son
industrie des dérivés du goudron de houille.

Comme nous l'avons vu, l'industrie des colorants
artificiels implantée chez nous dès 1859, exigeait à ce
moment une armée de chimistes instruits, familia-
risés avec toutes les méthodes des laboratoires scientifiques, pourvus de l'esprit d'initiative et capables
de diriger dans ses commencements pénibles, l'industrie naissante.

Cette armée, la Suisse la possédait à point nommé grâce à la création du Polytechnicum de Zurich.

En 1855, en effet, une année avant la découverte de la Mauvéïne par Perkin, l'Ecole polytechnique fédérale de Zurich avait ouvert ses portes à notre jeunesse studieuse et avide de s'instruire. Les autorités fédérales avaient su créer du premier coup un institut modèle, organisé avec une sollicitude, une largeur de vues quant au choix et au mode d'élection du personnel enseignant, et une libéralité inconnues jusqu'alors et qui était appelé à exercer la plus heureuse influence non seulement sur l'évolution intellectuelle de la nation mais encore sur les progrès de la science pure.

Le but de l'Ecole polytechnique fédérale de Zurich n'était pas seulement de délivrer des parchemins et de former des gradés, mais d'initier les jeunes étudiants à la pratique de la chimie et surtout d'éveiller en eux l'esprit de recherche et de susciter leur initiative dans la voie des découvertes.

L'exemple donné par Zurich fut bientôt suivi par la plupart des grandes villes de la Suisse, et il est également certain que l'influence des écoles de Bâle, Berne, Neuchâtel, Lausanne, Genève, etc... n'a pas été sans résultats sur le développement de l'industrie en Suisse des dérivés du goudron de houille.

En 1856, lors de la découverte de la première couleur d'Aniline, aucune loi concernant la protection des inventions chimiques n'existait en Suisse et en Allemagne. Nous avons vu plus haut les funestes effets produits en France par la loi sur les brevets, de 1844, aussi est-il certain qu'il était de beaucoup préférable, tant pour l'Allemagne que pour la Suisse, plutôt que de posséder un système de protection défectueux calqué sur le système français, de n'en pas posséder du tout. Depuis lors la face des choses a bien changé; l'Allemagne depuis 1877 possède une loi sur les brevets d'invention, loi révisée en 1891, dont l'industrie des dérivés du goudron de houille a retiré de grands avantages, aussi est-il certain, que l'application en Suisse d'un système de protection des inventions chimiques, élaboré après mûr examen et en utilisant les expériences faites par nos voisins, ne ferait que contribuer dans notre pays au développement de la brillante industrie des matières colorantes artificielles dérivées du goudron de houille.

Il est évident qu'un système *idéal* de protection devant satisfaire à la fois les intéressés de différents pays, ne pourra être réalisé que par une *convention internationale* de même qu'il en existe pour le système monétaire, les poids et mesures, le service des postes, etc... La neutralité de la Suisse semble faire de notre pays le représentant tout désigné pour mener à bonne fin un projet d'*entente internationale pour la protection de la propriété industrielle*.

Cette étude historique écrite à l'occasion de l'Expo-

— 25 —

sition nationale suisse de 1896, serait incomplète, si
elle devait montrer seulement ce qui a été fait sans
montrer ce qui reste encore à faire, car c'est seulement par le passé et le présent que l'on peut juger de
l'avenir. Il est dans le public une opinion des plus
répandues, c'est que les fabriques de produits chimiques et particulièrement les fabriques de colorants
artificiels sont de véritables mines d'or, et que leurs
propriétaires réalisent bénéfices sur bénéfices! Nous
n'avons pas à examiner ici ce qu'il y a de vrai ou
de faux dans cette comparaison, mais en l'adoptant
nous en pourrons conclure des déductions qui
représentent d'une manière assez exacte l'état actuel
de cette branche de l'industrie moderne.

La fabrication des colorants artificiels a été la
source de très gros bénéfices il y a 35 ans alors
que la fuchsine se vendait à raison de fr. 1500 le
kilogramme [1]. Le goudron de houille était une véritable mine d'or et des aventuriers sans nombre se
mirent à l'exploiter en tous sens avec une ardeur
fiévreuse. — Le métal précieux était alors à la
surface, on n'avait pour le recueillir que la peine
de se baisser, mais peu à peu les gisements se
firent plus profonds, plus difficiles à atteindre et à
exploiter, aussi pour réaliser les bénéfices primitifs,
nos mineurs durent-ils appliquer à ce dur travail

---

[1] La fuchsine qui valait fr. 1500 le kilogramme il y a 35 ans
vaut actuellement fr. 7 le kilogramme.

un courage, une patience et une persévérance de tous les instants. — La situation actuelle n'est pas devenue meilleure, tant s'en faut ! La trace du filon n'est pas perdue, le métal n'est pas moins pur, mais c'est bien loin de la surface qu'il faut l'aller chercher et mêlé à une masse énorme de gangue qu'il faut séparer. — Pour cela il est nécessaire de perfectionner l'installation mécanique, le personnel ouvrier et le personnel dirigeant et d'avoir toujours pour devise ces trois mots : Travail, ordre, économie.

Si la Suisse veut se maintenir au premier rang dans l'industrie des dérivés du goudron de houille, il lui faut continuer à vouer toute sa sollicitude au perfectionnement de son organisation scientifique, la science et l'industrie marchant toujours de pair.

1

Comme nous l'avons vu dans l'introduction, c'est
à Perkin que revient l'honneur de la découverte
de la première couleur d'aniline. Il ne faudrait
pourtant pas croire que ce fut la première couleur
artificielle, ni même le premier colorant dérivé du
goudron de houille. Non, loin de là ! La jeune et
brillante génération des colorants artificiels a pour
ancêtre le vieil *acide picrique* découvert en 1771
par Woulfe en faisant réagir l'acide nitrique sur
l'indigo. Woulfe constata déjà que le produit obtenu
teignait la soie en belles nuances jaunes. En 1779
Welter, obtint la même substance en traitant la soie
par l'acide nitrique et attira l'attention sur le goût
amer de ce colorant. Dès ce moment, la nouvelle
substance fut dénommée : « *Amer indigo ou principe amer de Welter* » et ce n'est que beaucoup plus
tard que Jean-Baptiste Dumas lui donna le nom
d'*acide picrique* — du mot grec qui veut dire *amer*
— nom qui lui est resté.

Jusqu'en 1855 l'acide picrique fut préparé par des moyens détournés et peu rationnels (action de l'acide nitrique sur l'indigo, sur la soie, etc.). En 1855, se basant sur les travaux de Laurent, on commença à préparer rationnellement l'acide picrique en faisant agir l'acide nitrique sur l'acide carbolique (notre phénol actuel) retiré pour la première fois du goudron de houille par Charles Lowe de Manchester.

Comme nous le voyons, l'acide picrique préparé par ce dernier procédé a été le *premier colorant artificiel dérivé du goudron de houille*, ce qui n'enlève pas à Perkin le mérite d'avoir doté l'industrie de la première couleur d'*aniline*.

L'acide picrique après avoir joui d'une grande faveur auprès des teinturiers et avoir servi à la teinture de quantités énormes de soie, a été un peu délaissé et remplacé par d'autres couleurs artificielles plus solides. Il a trouvé par contre un grand emploi dans la préparation des explosifs modernes et des poudres brisantes dont le type est la *mélinite*. Les sels de l'acide picrique sont des explosifs d'une puissance extraordinaire qui détonnent au choc ou sous l'influence d'une élévation brusque de température.

A la préparation de l'acide picrique se joignit bientôt celle d'un autre colorant artificiel, la *murexide,* beau colorant rouge désigné aussi sous le nom de *pourpre romain* et que l'on préparait en traitant l'acide urique, retiré du guano d'Amérique, par l'acide nitrique.

Si à ces deux colorants artificiels : *acide picrique* et *pourpre romain* nous ajoutons le *pourpre français* que Marnas de Lyon avait retiré de l'extrait d'orseille, nous aurons le bilan de l'industrie des colorants artificiels en 1856. Mais l'heure avait sonné, W. H. Perkin à ces trois colorants allait en ajouter un quatrième : la *mauvéïne,* et inaugurer ainsi l'ère des découvertes sans nombre.

Avant de parler des violets de Perkin, nous dirons quelques mots de l'aniline. Nous n'avons pas ici à en faire l'historique complet, historique qui se trouve dans tous les ouvrages classiques, nous montrerons seulement combien Perkin fut servi par les circonstances et comment la découverte de la mauvéïne, qu'il fit en 1856, n'aurait pu être faite quelques années plus tôt faute du matériel voulu.

Unverdorben découvrit l'aniline en 1826, et la retira sous le nom de *krystalline* des produits de la distillation de l'indigo. En 1834 Runge la découvrit à nouveau sous le nom de *kyanol* dans les produits de la distillation de la houille. Runge est le premier qui ait étudié l'oxydation de l'aniline par le bichromate de potasse. Dans cette réaction il se produit un précipité bleuâtre (d'où le nom de *kyanol* qui veut dire bleu en grec). C'est ce précipité bleuâtre qui 22 ans plus tard, entre les mains de Perkin, devait se transformer en un violet merveilleux : la *mauveïne*. Zinin découvrit une troisième fois l'aniline sous le nom de *benzidam* et enfin Fritzsche la retira *sous le nom qui lui est resté* des produits de distillation de l'indigo ou de l'isatine avec la potasse caustique (*Aniline* dérive du nom spécifique de l'indigo : *anil* en espagnol).

C'était à A. W. Hofmann qu'était réservé l'honneur de démontrer l'identité de la *krystalline*, du *kyanol*, du *benzidam* et de l'*aniline* retirée du goudron de houille, et de montrer que ces quatre produits de noms différents, n'étaient qu'une seule et même substance.

En 1854 l'aniline n'était encore qu'un produit très intéressant de laboratoire, d'un prix très élevé et par conséquent sans applications industrielles. A cette même date Gerhardt donnait la distillation de l'indigo avec la potasse caustique comme le « procédé avec lequel on se procure facilement l'aniline..... » Avec cette méthode le rendement n'était que de 18 à 20 % du poids de l'indigo employé. C'est à ce moment que M. A. Béchamp trouva la méthode *industrielle* par excellence pour la transformation du nitrobenzène en aniline.

Le nitrobenzène[1] trouvé par Mitscherlich en 1840 était alors préparé en France sur une grande échelle par la maison Laroque et Collas qui le ven-

---

[1] Ces détails historiques sont dus à l'obligeance de M. A. Béchamp.

dait sous le nom d'*essence de mirbane*, pour remplacer dans certains produits (savons, etc.) le parfum d'un prix élevé de l'essence d'amandes amères. Zinin en traitant l'*essence de mirbane* par le sulfure d'ammonium et A. W. Hofmann par le zinc et l'acide chlorhydrique avaient obtenu tous deux de l'aniline, mais ces méthodes de laboratoires étaient loin d'être des procédés industriels. A. Béchamp étudiant en 1854, l'action du chlorure ferreux sur la nitrocellulose (pyroxyline) avait remarqué que dans cette réaction la cellulose était régénérée. L'idée tout naturellement lui vint de traiter de même l'*essence de mirbane* de Laroque et Collas dans l'espoir de régénérer le benzène et en même temps de généraliser sa méthode. L'expérience ne vint pas confirmer l'hypothèse de M. Béchamp, et pas plus le chlorure que l'oxalate ou le sulfate ferreux ne transformèrent le nitrobenzène en benzène. M. Béchamp pensant que l'insuccès tenait peut-être à l'énergie des acides employés, répéta l'expérience avec un acide faible. Il prit l'acide acétique, et dans ces circonstances la totalité du nitrobenzène se trouva transformée, non pas en benzène, comme on devait s'y attendre, mais bien en *aniline*.

La méthode de réduction qui a fourni le *procédé industriel* de la fabrication de l'*aniline* de ses homologues et de l'*α naphtylamine* était trouvée.

Dans le mémoire où la nouvelle réaction était publiée, M. Béchamp annonçait qu'il obtenait dans son laboratoire l'aniline au prix de 20 fr. le kilogramme[1].

Le benzène était alors à un prix abordable car on savait le retirer par distillation du goudron de houille, puis le transformer en nitrobenzène et enfin en aniline. Dès 1854, l'aniline comptait au nombre des produits industriels il ne restait qu'à lui trouver un emploi.

C'était à M. W. H. Perkin qu'était réservé l'honneur de résoudre ce problème :

En 1856[2], à Londres, pendant les vacances de Pâques, William-Henry Perkin alors assistant de Hofmann au Royal College of Chemistrey, cherchait à faire la synthèse de la quinine par oxydation de l'allyltoluidine. Il fut amené tout naturellement à examiner les produits d'oxydation des bases aromatiques, en particulier le précipité bleuâtre que forme le bichromate de potasse en présence d'aniline, réaction, comme nous l'avons vu, déjà observée par Runge en 1834. Ce précipité insoluble dans l'eau cédait à l'alcool une merveilleuse matière colorante violette, teignant la soie sans mordant. Le nouveau colorant fut examiné au point de vue de ses propriétés tinctoriales par le teinturier Puller de Perth, qui lui

---

[1] L'assertion de M. Béchamp était un peu optimiste, car en 1860 l'aniline coûtait encore 30 fr. le kil. En 1894 l'aniline coûtait à Bâle 1 fr. 12 le kil.

[2] Ces détails historiques sont dus à l'obligeance de M. W.-H. Perkin et de M. le Dr Henri Caro, de Mannheim.

reconnut des qualités remarquables, les teintures obtenues étant d'une grande solidité aux alcalis, aux acides et à la lumière. Perkin fit alors breveter son invention (Engl. Pat. 1856 May 6, n° 1068), le brevet lui fut délivré le 26 août 1856, et en 1858 la fabrique de couleurs d'aniline qu'il avait fondée avec son père à Greenford Green lança dans le commerce la première couleur d'aniline sous le nom de « *Tyrian purple* » de Perkin and Sons. Sur le continent le nouveau colorant fut dénommé « *Violet de Perkin* » ou « *Mauvéine,* » et grâce à la solidité et à la beauté des teintures obtenues par son moyen, il eut pendant un certain temps un très grand emploi. Aujourd'hui il ne sert plus qu'à la teinture des papiers employés à la confection des timbres-poste anglais, et sous le nom de *Rosolane (Poirrier)* à la teinture des soies pour ombrelles.

L'ère des découvertes venait de commencer, et dans la voie nouvelle ouverte par Perkin d'une façon si inattendue, allaient se jeter savants et fabricants.

Comme nous l'avons vu dans l'introduction, la Suisse dès 1859, possédait à Bâle dans la maison *Geigy,* une des premières manufactures de couleurs d'aniline du continent, cette maison qui depuis 1856 fabriquait industriellement le carmin d'indigo et les extraits de bois tinctoriaux, dont l'emploi tendait à ce moment à se généraliser de plus en plus dans la teinture et l'impression, adjoignit à cette fabrication celle du violet de Perkin.

L'industrie des couleurs d'aniline, dès ses débuts s'est donc implantée dans notre pays.

Si l'année 1856 avec la découverte de la mauvéïne (par Perkin) est une date à tout jamais mémorable dans les annales de l'industrie des matières colorantes artificielles, celle de 1859 avec la découverte de la *fuchsine* par Verguin ne doit pas l'être moins.

En 1858 à Lyon, dans la teinturerie de MM. Renard frères et Franc, on préparait aussi le violet de Perkin par le procédé au bichromate, et le chimiste de la maison *M. E. Verguin* observa que l'aniline chauffée à température élevée avec le bichlorure de mercure ou d'étain et divers autres composés réductibles, donnait naissance à une matière colorante d'un rouge merveilleux, à laquelle on donna le nom de *fuchsiasine* ou plus simplement de *fuchsine*. MM. Renard frères et Franc brevetèrent le 8 avril 1859 la préparation du rouge d'aniline.

On a beaucoup disserté sur cette découverte, on a cherché à lui attribuer des antécédents. D'autres savants, avant Verguin, avaient observé que l'aniline chauffée dans de certaines conditions donne naissance à une couleur rouge (A. W. Hofmann, Nathanson, etc...), de même que Runge avant Perkin avait déjà observé le précipité que donne le bichromate de potasse en présence d'aniline, mais il est certain que personne n'avait songé à *isoler* ces matières colorantes et surtout à les *appliquer* à la teinture, aussi est-ce bien à MM. E. Verguin et Perkin que revient l'honneur d'avoir fait passer dans la pratique ces réactions isolées et mal définies.

Dès son apparition, la fuchsine, par la beauté de sa nuance et son mode d'emploi facile, encore bien plus que la mauvéïne, amena une véritable révolution dans le monde des teinturiers et des coloristes. La nouvelle matière colorante se vendait à des prix insensés, en 1860 elle valait jusqu'à 1500 fr. le kilogramme (actuellement 7 fr.), aussi les heureux possesseurs du brevet Verguin réalisèrent-ils aussitôt des bénéfices colossaux [1].

Peu de temps après la prise du brevet de MM. Renard frères et Franc, M. Louis Durand, associé de la maison *L. Durand, Huguenin et C°* de Bâle, découvrait que l'aniline, chauffée avec du nitrate de mercure donnait de la fuchsine, ainsi qu'il ressort de la communication faite à la Société de chimie de Mulhouse, par M. A. Schlumberger, le 26 octobre 1859. M. Gerber-Keller brevetait cette réaction et dès 1860 livrait au commerce sous le nom d'*azaléïne* et au prix de 1000 fr. le kilogramme, de la fuchsine préparée d'après ce nouveau procédé.

Comme nous l'avons vu dans l'introduction, la loi française de 1844 protégeant le produit et non le procédé, il s'en suivit contre M. Gerber-Keller

---

[1] La fabrication de la fuchsine devint bientôt la propriété d'une société par action au capital de 4,000,000 de fr. sous le nom de Société « la Fuchsine. »

un procès retentissant qui aboutit à un jugement, reconnaissant à MM. Renard frères et Franc de Lyon, le monopole de tout le rouge d'aniline, quel que fût d'ailleurs son mode de préparation.

Nous avons vu quelles conséquences désastreuses ce jugement, qui en somme n'était que l'application *légale* de la loi de 1844, exerça sur l'industrie française des matières colorantes artificielles et comment M. Gerber-Keller se vit contraint à quitter le sol français et à venir fonder à Bâle sa manufacture de fuchsine.

Dès 1860 la ville de Bâle fabriquait ainsi les deux seuls colorants artificiels connus : la *mauréine* et la *fuchsine*.

Les procédés de Verguin et de Louis Durand pour la préparation de la fuchsine, furent remplacés en 1860 par le procédé à l'arsenic trouvé par Henry Medlock (18 janvier 1860), procédé classique, auquel on ne substitua que beaucoup plus tard le procédé de Coupier au nitrobenzène aujourd'hui presque universellement employé. C'est à l'emploi du procédé à l'arsenic que nous devons l'idée erronée, et fortement implantée dans le public, de la *toxicité* de tous les colorants artificiels. Certains colorants artificiels sont toxiques, mais la fuchsine *pure* est d'une inocuité parfaite (Cazeneuve) et s'il est arrivé quelques cas d'empoisonnement au moyen de ce colorant, cela provient de fuchsines mal purifiées et non entièrement débarrassées de l'arsenic. L'élimination de l'arsenic dans le procédé Medlock fut l'échec sérieux auquel vinrent se buter de nombreux fabricants. Cette quantité énorme d'acide arsénieux qui restait dans les résidus, empêchait ces derniers d'être jetés à la rivière, on cherchait le moyen de régénérer l'arsenic, et Léonhardt en 1879 y était parvenu, mais trop tard car le procédé Coupier qui n'emploie pas d'arsenic était déjà répandu d'une façon générale.

En 1860 on vit apparaître l'*azuline,* la première couleur bleue, trouvée par Guinon et Marnas en faisant réagir l'aniline sur la *coralline.* La coralline avait elle-même été obtenue par Persoz, puis en 1859 par Kolbe et Schmitt en faisant agir l'acide oxalique sur le phénol.

Simultanément la maison *Geigy* de Bâle établissait la fabrication industrielle du bleu de quinoléïne découvert quelques années avant par Greville Williams. Ce bleu, malgré la beauté de sa nuance, fut bientôt abandonné à cause de son peu de solidité à la lumière.

Ch. Lauth à la même époque, traitant le rouge d'aniline par une aldéhyde, obtint des couleurs allant du violet au bleu.

Ce furent les premières couleurs dérivant de la fuchsine, et cette réaction montrait la possibilité de transformer celle-ci en d'autres matières colorantes.

Bientôt en effet, apparaissaient le *violet impérial* et le *bleu de Lyon* trouvés par Ch. Girard et de Laire,

en chauffant la fuchsine avec de l'aniline. On obte
nait ainsi des colorants violets et violets bleus,
insolubles dans l'eau, solubles dans l'alcool qui,
deux ans plus tard, traités par Nicholson au moyen
de l'acide sulfurique concentré, se transformaient
en acides sulfoniques solubles à l'eau.

E. Kopp, professeur au polytechnicum de Zurich,
dans un mémoire paru en 1860, avait démontré que
dans le rouge d'aniline, on pouvait introduire un ou
plusieurs radicaux alcoyliques, la nuance rouge de-
venant de plus en plus bleue à mesure que la substitution augmentait. Ch. Lauth avait obtenu la même
année un violet soluble à l'eau, qui devait être plus
tard le fameux *violet de Paris,* par oxydation de la
diméthylaniline qu'il venait de découvrir.

En 1862, le bleu à l'aldéhyde si instable à la lumière, trouvé par Ch. Lauth, se transforme entre
les mains de Cherpin et Usèbe, au moyen de l'hyposulfite de soude en un vert solide. L'hyposulfite
de soude avait fixé le colorant violet aldéhydique,
de même qu'il fixe la plaque photographique et la
rend stable à la lumière du soleil. Dès le mois de
février 1863, la maison *Geigy* avait obtenu le droit
de préparation de ce vert et le fabriquait en grandes
quantités.

La constitution du rouge d'aniline était encore
inconnue à cette époque, malgré les travaux de
nombreux savants. En 1862, A. W. Hofmann publie
son magistral mémoire sur les couleurs dérivées

de l'aniline. Hofmann était secondé dans sa tâche par la maison anglaise Simpson, Maule et Nicholson. qui mit à sa disposition des produits purs. C'est aussi dans les ateliers de Simpson, Maule et Nicholson que fut trouvée dans les résidus de la fabrication de la fuchsine, le premier colorant de la série de l'acridine, la *phosphine* ou *chrysaniline* étudiée plus tard par Hofmann. En 1863, Hofmann montrait que le *bleu de Lyon* était une rosaniline triphénylée et, se basant sur les idées de Kopp, il étudiait l'alcoylation de la fuchsine et arrivait ainsi à la préparation d'un violet merveilleux, le *violet de Hofmann*.

En 1861, toutes les nuances du rouge au violet étaient préparées par l'action de l'aniline sur la fuchsine et livrées au commerce sous le nom de *Pensée, Violet, Parme,* etc. Mais tous les essais tendant à dépasser la nuance violette et à arriver à un bleu pur, restèrent longtemps infructueux jusqu'à ce qu'un hasard mit enfin sur la bonne voie MM. Cornu et Sieber, chimistes de la maison *Geigy* de Bâle.

Dans le courant de l'hiver 1861-62, ces chimistes avaient remarqué que l'aniline de Graf et C° de Nuremberg, donnait un violet sensiblement plus bleu que celle d'autre provenance. Les recherches d'alors sur l'aniline, n'étaient pas faciles vu l'impureté relative des produits vendus sous ce nom, cependant MM. Cornu et Sieber purent constater la *présence d'acide acétique* dans l'aniline employée. Des essais entrepris en grand en avril 1862, démontrèrent d'une façon certaine que la présence d'acide acétique était bien la cause de la transformation de la fuchsine en *bleu pur*. Dès ce moment le problème était résolu.

Les fabriques bâloises prenaient de jour en jour plus d'extension, c'est ainsi que dès 1863, la maison *Geigy* avait acquis la propriété exclusive pour tous les pays industriels, d'exploiter les brevets Lightfoot pour la préparation du noir d'aniline.

L'année 1865 vit tomber en Angleterre le monopole de la fabrication de la fuchsine à la suite d'un long procès soutenu par Read Holliday contre Simpson, Maule et Nicholson, concessionnaires du brevet Medlock. L'annulation de ce brevet rendait accessible aux *fabricants suisses* le marché anglais, et ces derniers ne tardèrent pas à y exporter leurs produits et à y prendre pied.

L'année 1866 vit apparaître le *violet de Paris* de Ch. Lauth, obtenu par oxydation de la diméthylaniline, dont *Ch. Bardy* venait d'installer à St-Denis la fabrication industrielle, puis le *vert méthyle* et le *bleu de diphénylamine*. La diphénylamine avait été trouvée peu de temps auparavant par Ch. Girard, de Laire et Chapoteaut, en chauffant l'aniline avec son chlorhydrate. La diphénylamine, chauffée avec du bichlorure de carbone, ou avec un mélange d'acides sulfurique et oxalique, se transforme en une superbe matière colorante bleue, le bleu de

diphénylamine, les bleus à l'acide oxalique deve-
naient dès 1874 une des spécialités de l'usine *Geigy*
de Bâle.

Jusqu'en 1864 on avait employé sous le nom
d'aniline un produit dont on ignorait la composition exacte, nous savons aujourd'hui que c'était un
mélange d'*aniline* et de *toluidines*. E. Kopp, professeur à Zurich, avait déjà conseillé de séparer, au
moyen de déphlegmateurs, les hydrocarbures multiples retirés du goudron. Coupier étant parvenu à
isoler industriellement ces différents hydrocarbures, prépara une toluidine complètement exempte
d'aniline. Cette toluidine, chose inexplicable donnait
aussi une couleur rouge, la *rosotoluidine*.

Coupier employait un procédé particulier pour
produire son rouge, il chauffait à 180-200° un mélange de toluidines, de nitrotoluidines, d'acide chlorhydrique et de chlorure ferrique. C'était l'enfance du
procédé Coupier au nitrobenzène, qui devait remplacer plus tard, presque complètement, le procédé
à l'arsenic pour la préparation de la fuchsine.

La Société « *La Fuchsine* » qui possédait pour la
France le monopole exclusif de la préparation de ce
colorant, essaya naturellement d'attaquer en nullité
le procédé Coupier, mais Rosenstiehl constata que
la toluidine de Coupier, que l'on croyait être un
corps unique, renfermait deux isomères, l'un liquide,
qu'il appela *pseudotoluidine*, et qui est notre
orthotoluidine actuelle, l'autre solide qui est notre

parátoluidine. Coupier n'employait pas d'aniline et était ainsi à l'abri des attaques de la Société « *La Fuchsine.* »

L'étude de Rosenstiehl ouvrait l'ère des remarquables travaux qui devaient éclaircir le mécanisme de la formation des rosanilines.

Le *vert à l'iode* fut signalé simultanément dès 1866, par plusieurs chimistes. Il se préparait par l'action d'un iodure alcoylique sur les violets de Hofmann ou sur les rosanilines. Le vert à l'iode fut bientôt remplacé par le *vert méthyle* obtenu par Ch. Lauth et Baubigny, en chauffant le violet de Paris avec des iodures alcoyliques. C'est aussi en 1866 que le premier essai de *benzylation* des colorants fut fait par Lauth et Grimaux.

« A partir de cette époque, l'histoire de la décou-
« verte des couleurs d'aniline, passe de France en
« Allemagne. Déjà à l'exposition universelle de 1867
« on avait pu constater que deux maisons seules
« représentaient l'industrie française des couleurs
« d'aniline : — « la Fuchsine » et la maison Poirrier
« — tandis que la *Suisse,* l'Allemagne et la Prusse
« avaient de très nombreuses et importantes exposi-
« tions[1]. »

Dès 1866, la Suisse possédait à Bâle, trois fabriques importantes de matières colorantes artificielles : les

---

[1] Léon Lefèvre. Matières colorantes artificielles. Paris 1896, page 911.

maisons *Jean Rod. Geigy, Gerber-Keller* et *Clavel*.
La maison *Clavel* devait se transformer plus tard
dans la *Société pour l'industrie chimique* actuelle.
En 1868 *Prosper Monnet* fondait à La Plaine, près
Genève, une quatrième fabrique suisse de matières
colorantes artificielles.

L'année 1863 vit apparaître la *Safranine* [1], beau
colorant rouge, concurrent de la fuchsine, l'année
suivante le *Brun de Manchester*, le premier colorant
azoïque, trouvé par Henri Caro et Roberts Dale, puis
le jaune de Martius, qui fut bientôt préparé sur une
grande échelle par la maison *Clavel* de Bâle.

Dès 1865 les fabriques bâloises avaient transformé
en chlorhydrates, solubles à l'eau, les violets de
Hofmann, iodures solubles seulement à l'alcool.
L'année suivante *Clavel* lançait dans le commerce le
rouge de Magdala trouvé par Schindel de Vienne
et préparé pour la première fois par Louis Durand.

Louis Durand ancien chimiste de « *La Fuchsine* »
était venu à Bâle dès 1865 ainsi que Marnas de Lyon,
et dirigeait la fabrique de *Clavel*. C'est à Louis
Durand que nous devons l'introduction de la *poudre
de zinc* comme réducteur dans les méthodes chimiques. Voici les détails de cette importante découverte :

M. Durand savait que le gris d'ardoise employé
pour la peinture du fer, provenait des mines de zinc

---

[1] Fabriquée pour la première fois à Bâle en 1868.

de la Vieille-Montagne. Il eut l'idée de l'analyser et vit bientôt que cette poussière décomposait l'eau à l'ébullition. L'analyse de plusieurs échantillons montra que tous étaient formés de mélanges d'oxyde de zinc et de zinc métallique qui, vus au microscope, ressemblaient à de la grenaille de plomb. M. Durand se rendit alors aux usines de la Vieille-Montagne, et prit divers échantillons de poudre de zinc dans les traînasses des cheminées, où il trouva, sous forme de poussière impalpable, du zinc presque pur et ne contenant que peu d'oxydes, condensé dans les allonges.

M. Louis Durand appliqua le premier la poudre de zinc à l'enlevage en impression, et à la préparation des cuves d'indigo, ainsi qu'il ressort du brevet pris par M. Durand en date du 15 décembre 1864. M. Louis Durand soumit pour la première fois en 1864, la poudre de zinc à A. W. Hofmann, alors professeur à Londres, et fit devant lui une transformation de rosaniline en leucaniline[1].

La poudre de zinc fut ensuite appliquée par Louis Durand à la purification du *rouge de Magdala*. On transformait en leucobase le colorant terminé puis on réoxydait au moyen d'un courant d'air. Louis Durand appliqua plus tard la poudre de zinc à la préparation de la *Safranine,* donnant ainsi le pro-

---

[1] Ces renseignements historiques sont dus à l'obligeance de M. Louis Durand.

cédé classique et encore employé de nos jours pour la préparation de ce beau colorant.

L'introduction de la poudre de zinc dans les méthodes chimiques devait avoir la plus haute portée, car quelques années plus tard, Adolphe Baeyer en faisait la méthode de réduction bien connue, qui devait permettre en 1868 à Ch. Græbe et Liebermann de réaliser la synthèse de l'alizarine.

En 1868, Charles Græbe, actuellement professeur à l'Université de Genève, était alors assistant de Ad. Baeyer à Berlin, et publiait cette même année ses remarquables travaux sur la constitution des quinones, par lesquels il démontrait que l'acide chloranilique devait être considéré comme une dioxydichloroquinone et non pas comme un acide organique ordinaire à radical carboxylique. M. Græbe démontrait de même que l'acide chloroxynaphtalique était une chloroxynaphtoquinone. La grande analogie existant entre l'*alizarine* (le principe colorant de la garance) et les oxyquinones étudiées par Græbe, l'engagea à entreprendre, en commun avec Liebermann, l'étude de l'alizarine.

Le 24 février 1868, Græbe et Liebermann démontraient que l'*alizarine* par distillation avec la *poudre de zinc,* se transforme en un hydrocarbure identique à l'*anthracène* de Laurent, dérivé bien connu et retiré du goudron de houille. Peu de temps après, le 11 mai 1868, la *purpurine* (corps accompagnant toujours l'alizarine dans la racine de garance) par un traitement analogue se transformait aussi en anthracène. Se basant sur les travaux antérieurs de Græbe, ces savants émirent l'idée que l'alizarine et la purpurine, n'étaient autre chose que des dérivés hydroxylés de la quinone de l'anthracène.

Il ne restait plus qu'à prouver la justesse de cette hypothèse en faisant la synthèse de l'alizarine.

L'anthracène n'était pas alors, comme il est aujourd'hui, un produit courant, aussi Græbe et Liebermann ne purent-ils commencer leurs recherches qu'à la fin de l'année 1868, alors que Martius leur eut procuré presque une livre d'anthracène impur, découvert dans une distillerie anglaise de goudron de houille. L'anthracène par oxydation se transforma en anthraquinone dont le dérivé bromé, par fusion avec de la potasse à haute température, livra l'*alizarine synthétique*. C'était non seulement la confirmation des hypothèses de Græbe sur la constitution des quinones, mais encore la première synthèse d'un principe colorant naturel. Le maître suivait bientôt l'élève dans cette voie, et A. Baeyer, peu de temps après la synthèse de l'alizarine de Græbe, réalisait celle de l'indigo.

La préparation de l'alizarine synthétique fut bientôt entreprise industriellement par la *Badische Anilin & Sodafabrik* de Ludwigshafen s./Rhin, de même que par W. H. Perkin en Angleterre, dans sa fabrique de Greenford Green.

Henri Caro remplaça peu après dans le procédé

primitif de Græbe et Liebermann, qui consistait comme nous l'avons vu, à fondre l'anthraquinone bromée, avec un alcali caustique, l'anthraquinone bromée, par son dérivé sulfonique, et dota ainsi l'industrie du procédé encore actuellement employé.

En 1869 il fut livré au commerce 1000 kilogrammes d'alizarine en pâte à 20 % au prix de 34 fr. le kilo; 10 ans plus tard la fabrication atteignait 4.500,000 kilogrammes et le prix était tombé à 3 fr.; actuellement on peut estimer la production universelle à 15,000,000 de kilog., le prix de vente oscillant autour de 1 fr. 95 (1896). C'est donc une production de 25-30 millions de francs par an.

La production de l'alizarine synthétique a été tentée par un grand nombre de maisons allemandes, anglaises, françaises, autrichiennes et suisses. *Bindschedler et Busch* à Bâle, actuellement la *Société pour l'industrie chimique*, dès les premiers commencements (vers 1870) de cette industrie, avait installé cette fabrication. *Bindschedler, Busch et Co* de Bâle, la reprirent sur une grande échelle en 1881 et exposaient en 1883, à l'exposition nationale de Zurich, de très beaux échantillons d'anthracène, d'anthraquinone et d'alizarine synthétique. La préparation de l'alizarine exigeant des quantités énormes de houille, et ce combustible étant très cher en Suisse [1], cette fabrication a de

---

[1] La houille coûte à Francfort s./Main de 13 à 15 fr. la tonne (1000 kil.), tandis qu'à Bâle elle atteint le prix de 25 fr. la tonne.

nouveau été abandonnée étant trop peu rémunératrice.

La préparation de l'alizarine est actuellement le monopole exclusif de trois ou quatre fabriques allemandes. Des essais tentés dernièrement en France, chez M. Poirrier de St-Denis, ont été de même sans succès. Les bénéfices réalisables actuellement, dans la fabrication du *rouge d'alizarine,* sont trop minimes pour permettre l'installation de cette fabrication sur une large base, et l'amortissement du capital énorme mis en œuvre.

L'industrie des colorants artificiels prenait de jour en jour plus d'essor.

En 1871, Ad. Baeyer découvrait les phtaléines en faisant réagir l'anhydride phtalique sur les phénols. En 1874, Henri Caro qui avait entrepris en commun avec Baeyer l'étude de cette réaction faisait la synthèse de la *quinizarine,* un isomère de l'alizarine, et de l'*éosine,* dérivé tétrabromé de la fluorescéïne ; ce colorant teint la soie en rose merveilleux avec des reflets et une fluorescence jaune. Il se vendait au début 1000 fr. le kilo. Quelques années plus tard, en 1876, Emilio Nölting trouvait chez *Prosper Monnet* à la Plaine près Genève, les dérivés iodés et chlorés de l'éosine, colorants qui ont eu et ont encore un large emploi sous les noms de *Rose bengale, erythrosine, phloxine,* etc.

L'année suivante la maison Monnet mettait en

— 49 —

vente la *chrysoline* trouvée par Frédéric Reverdin, puis plus tard encore la *cyclamine,* colorant sulfuré.

Dès 1875 la maison *L. Durand, Huguenin et C°* de Bâle, se faisait une spécialité de la fabrication des phtaléines et arrivait à les préparer à l'état de pureté presque absolue. C'est elle qui lança les dérivés méthylés de l'éosine ainsi que les dérivés iodés de la fluorescéïne, qui firent à Lyon, à Saint-Etienne et en Alsace une véritable sensation. Outre les applications qu'ils en firent sur soie ils introduisirent l'usage de ces colorants dans l'industrie de la fleur où le *rouge de fleurs DH* et le *jaune de fleurs DH* ont joué un grand rôle.

Le *rouge de fleurs DH* n'est en effet qu'une solution d'éosine à son maximum de pureté, on l'emploie sur le tissu pour fleurs au moyen du procédé indiqué par Horace Kœchlin pour l'impression des toiles peintes, qui consiste à précipiter la matière colorante sur la fibre au moyen d'un sel de plomb. Les teintes ainsi obtenues sont plus belles que celles que donne le *safran naturel,* et n'ont d'égales que celles que la nature produit dans ses plus délicates créations. Le *jaune de fleurs DH* est une solution dans la potasse, de fluorescéïne chimiquement pure.

En 1877, une curieuse application fut faite de la fluorescéïne, grâce à son pouvoir colorant, dans les travaux hydrographiques. Il s'agissait de prouver qu'une partie de l'eau du Danube se perd sous terre à un certain endroit, passe de là dans l'Aach et se déverse ainsi dans le lac de Constance. Sur les conseils de MM. *L. Durand, Huguenin et C°*, l'ingénieur Ten Brink jeta dans le Danube, à l'endroit désigné, une solution alcaline de 10 kilos de fluorescéïne. Trois jours plus tard, des gardiens placés en observation à la source de l'Aach, constatèrent la coloration de l'eau. La communication souterraine entre le Danube et l'Aach était ainsi démontrée d'une manière évidente.

Trois ans après la première publication de Bæyer sur les phtaléïnes, la maison *L. Durand, Huguenin et C°* entreprenait la fabrication de la *galléïne* et de la *céruléïne* (phtaléïne du pyrogallol) et le 1er juin 1874 livrait à M. Horace Kœchlin ses premiers essais. C'est Louis Durand qui le premier remplaça dans la préparation de la galléïne le pyrogallol par l'acide gallique, et Horace Kœchlin indiqua la solubilisation de la céruléïne pour l'impression au moyen du bisulfite.

Dès 1874, *P. Monnet et C°* à la Plaine, préparaient d'après les recherches de P. Monnet et de Frédéric Reverdin, le *vert méthyle* et le *violet Hofmann* par l'action du chlorure de méthyle sur les bases du triphénylméthane, éliminant ainsi de cette fabrication l'onéreux iodure de méthyle, ou le nitrate de méthyle, corps si dangereux à cause de ses propriétés explosives.

En 1874, Ad. Bæyer et Henri Caro, trouvaient la

nitrosation de la diméthylaniline. La nitrosodiméthylaniline, devait bientôt servir à Henri Caro à la
préparation du *bleu méthylène,* dont la réaction
initiale découverte par Ch. Lauth en 1876, trouvait
ainsi en 1877, sa première application industrielle.
En 1879, Raphael Meldola préparait par condensation de la nitrosodiméthylaniline avec le β naphtol,
la première oxazine *(bleu de Meldola, bleu pour
coton).*

En 1876, les colorants azoïques se bornaient au
brun de Manchester de Henri Caro et au *jaune
d'aniline,* notre aminoazobenzène actuel, qui servait
dès 1864 à la préparation des *indulines* solubles à
l'alcool. On vit apparaître en cette même année 1876,
la *chrysoïdine* puis les *orangés de Poirrier,* trouvés
par Roussin, pharmacien au Val de Grâce, l'hôpital
militaire de Paris.

Le temps était venu et la vieille réaction de Griess
allait trouver son emploi.

Roussin transformait les colorants azoïques, qui
jusqu'alors n'avaient été utilisés que comme couleurs basiques, dans la teinture du coton mordancé, en colorants teignant la laine sur bain
acide, faisant ainsi concurrence au *bois jaune* à la
flavine et même à la *cochenille,* (en ayant soin de
les mélanger à l'éosine).

Le nombre des découvertes dans la série des
azoïques augmenta peu à peu d'une manière prodi-
gieuse, et le teinturier eut bientôt à sa disposition

toute la gamme des nuances, du *jaune indien* ou *citronine* de P. Monnet au *violet noir* de C. Glaser en passant par tous les tons de l'orangé, du rouge, du violet et du bleu.

L'industrie des colorants d'alizarine allait aussi en progressant. On ne s'en tenait plus au rouge seulement, on savait préparer l'*orangé d'alizarine* par l'action de l'acide nitrique sur le rouge. Prud'homme le transformait en un bleu insoluble au moyen de la glycérine et Henri Brunck solubilisait ce colorant bleu par l'action du bisulfite, et en faisait le *bleu d'alizarine* actuel. Cette découverte avait une grande importance non seulement pratique mais aussi scientifique, car elle devait être la base des travaux de Græbe et Skraup sur la synthèse de la *quinoléïne*.

Mais revenons à la fuchsine âgée de près de 20 ans, et qui allait dévoiler, entre les mains d'Emile et d'Otto Fischer, le secret de sa constitution et de son origine.

C'est vers la même époque que la Badische Anilin-und Sodafabrik, brevetait la préparation de sa *fuchsine* et de ses *violets acides* (sulfonation des colorants basiques), colorants qui devaient prendre une si grande place dans la teinture des laines et des soies.

En 1877, Emile et Otto Fischer publiaient leur magistral mémoire sur la constitution de la rosaniline et de la fuchsine, et donnaient en même temps avec la préparation du *Vert Malachite* la méthode idéale des synthèses du triphénylméthane.

Dès 1878 la *Société pour l'industrie chimique à Bâle*, anciennement *Bindschedler et Busch*, installait la première, la fabrication du *Vert cristallisé*, au moyen de l'aldéhyde benzoïque, et introduisait dans la pratique la méthode d'oxydation au moyen du *bioxyde de plomb*, méthode qui a trouvé depuis un emploi général dans la transformation en colorant, des leucobases du triphénylméthane.

La même année, l'Actiengesellschaft de Berlin, lançait le même colorant dans le commerce sous le nom de Vert Malachite, il était préparé par le procédé de Dœbner au moyen du trichlorure de benzyle.

En 1878, Emile Fischer découvrait les *hydrazines*. En 1880, Adolphe Bæyer généralisait sa synthèse de l'indigo, qui avec celle de l'alizarine par Græbe et Liebermann, constitue l'une des plus grandes victoires de la science sur la nature rebelle à livrer ses secrets. — En 1881, *L. Durand, Huguenin et C°* lançaient les *indophénols* découverts par Horace Kœchlin et O. N. Witt ; l'année suivante, c'était le tour de la *Gallocyanine* ou *violet solide,* qui a pris une place énorme dans la teinture des laines mordancées. En 1883 la *Société pour l'industrie chimique,* anciennement *Bindschedler et Busch,* exposait à Zurich le premier échantillon de *Violet cristallisé.*

Tel était en 1883, lors de notre dernière exposition nationale, le bilan de l'industrie des matières colorantes artificielles. Les visiteurs de l'Exposition de Zurich purent voir, déjà à cette époque, que la Suisse avait contribué dans une large mesure à cette généralisation des méthodes scientifiques, et à cette application, sans transition à la pratique, des procédés de laboratoire, qui est la caractéristique de l'industrie des dérivés du goudron de houille.

Nous allons examiner maintenant quels ont été les progrès réalisés en Suisse depuis cette époque.

*   *

Le *Violet cristallisé* avait déjà fait sa première apparition à l'exposition de Zurich, dans les vitrines des prédécesseurs de la *Société pour l'industrie chimique* — Bindschedler, Busch & C°. — C'était comme nous allons voir, le premier représentant d'une nouvelle synthèse vraiment rationnelle d'un dérivé du triphénylméthane.

Michler, un élève de l'école polytechnique de Zurich, avait trouvé en 1876 que le gaz phosgène (oxychlorure de carbone) transforme la diméthylaniline en un chlorure d'acide, puis en une cétone (tétraméthyldiaminobenzophénone). Ce fait, très intéressant en lui-même, resta sans application jusqu'en 1883, époque à laquelle Alfred Kern, chimiste à l'usine de Bâle, -- se basant sur les travaux du Dʳ Hanhart (action du chlorure de méthylène sur la diméthylaniline), — trouva que l'hydrol, (tétraméthyldiaminobenzhydrol) fournissait par condensation avec la diméthylaniline et oxydation ultérieure, une superbe matière colorante violette. Au lieu du produit plus ou moins pâteux qui constitue le *violet de Paris,* on obtient dans cette réaction une couleur très bien cristallisée : *le violet cristallisé* c'est-à-dire une hexaméthylrosaniline.

Pour la préparation de l'hydrol, on procédait par oxydation du tétraméthyldiaminodiphénylméthane obtenu par Hanhart. Ce corps se trouvait aussi dans les substances résineuses qui prennent naissance dans la préparation de la diméthylaniline. C'est à ce moment-là que l'on pensa à préparer l'hydrol par réduction de la *cétone de Michler.*

Dans ce but, il fallut rendre industrielle la production du gaz *phosgène,* qui se compose de deux corps gazeux (oxyde de carbone et chlore) dont la grande toxicité en rend le maniement, non seulement très difficile, mais dangereux. Toutes ces difficultés furent vaincues, et le phosgène fut produit industriellement pour la première fois dans l'usine de Bâle.

La fabrique bâloise s'associa bientôt, pour l'exploitation et l'étude du nouveau procédé, avec la grande fabrique allemande *Badische Anilin- & Sodafabrik de Ludwigshafen s/Rhin,* dont le directeur Henri Caro, trouvait peu après, le procédé de condensation directe de la cétone, au moyen de l'oxychlorure de phosphore, sans passer par l'hydrol. Après le violet cristallisé, viennent bientôt le *bleu Victoria.* l'*auramine,* les *violets acides* etc., colorants qui. jusqu'à présent, n'ont pas cessé d'avoir une grande importance soit dans la teinture soit dans l'impression.

Nous ne saurions mieux donner une légère idée de l'importance de cette synthèse, que par le tableau suivant, dans lequel on trouve la liste des colorants préparés au moyen de ce procédé par la *Société pour l'industrie chimique à Bâle* en commun avec la *Badische Anilin- & Sodafabrik.* (DRP. 27032. 1883; DRP. 27789, 1883.)

Violet cristallisé	1883
Violet éthyle	1883
Bleu Victoria B	1883
Bleu Victoria 4 R	1883
Bleu de nuit	1883

Auramine	1884
Violet acide 7 B	1885
Violet alcalin	1887
Violet acide 4 B N	1890
Violet acide 6 B N	1891
Vert pour laine S	1892
Bleu Victoria R	1894

Les deux nouvelles synthèses, celle au moyen de l'hydrol (respectivement des bases méthanes) et celle au moyen de la cétone, marquent une nouvelle phase dans la fabrication des couleurs d'aniline, en ce sens que ces procédés synthétiques rationnels permettent, non seulement d'obtenir de nouvelles matières colorantes, mais aussi des rendements avantageux et des produits d'une grande pureté.

Quant à la synthèse des dérivés du triphénylméthane au moyen de l'hydrol, la *Badische Anilin- & Sodafabrik* et la *Société pour l'industrie chimique*, ayant laissé tomber dans le domaine public le brevet de l'hydrol, on s'est efforcé de l'utiliser de différents côtés, notamment depuis que *P. Monnet*, à la Plaine, montra en 1885 dans son brevet français n° 173232, la possibilité de préparer à bas prix les bases méthanes au moyen de l'aldéhyde formique (Zimmermann), indiquant aussi la méthode pour les transformer directement en matières colorantes de la série de la rosaniline.

Le procédé de préparation du *Vert cristallisé* au moyen de l'aldéhyde benzoïque, employé industriellement pour la première fois à Bâle par la *Société pour l'industrie chimique*, fut bientôt perfectionné.

En sulfonant les leucobases, obtenues au moyen de l'aldéhyde benzoïque et oxthoxybenzoïque avec les amines aromatiques (DRP. 10410, 14944), puis en les oxydant, on prépara les premiers colorants verts acides. *(Vert Helvétic)*. Plus tard les Farbwerke d'Höchst, en employant dans cette méthode l'aldéhyde métaoxybenzoïque découvraient la belle série des bleus patentés. (Bleu carmin.)

Récemment, la *Société pour l'industrie chimique*, a trouvé la formation de nouvelles leucobases mixtes, qui sulfonées et oxydées donnent naissance à des *bleus acides*, possédant les mêmes qualités que les bleus patentés et fournissant une nuance bleue très pure, qui ne change pas à la lumière artificielle. (1893 DRP. 77135. Dr J. Schmid et Bachelut.)

En 1883, on fit à Bâle, l'observation que l'aldéhyde benzoïque dichlorée (produite par un procédé spécial), condensée avec la diméthylaniline, donne naissance à un colorant vert d'une nuance beaucoup plus bleuâtre que celle du *vert cristallisé*, comme le confirmait le travail de Otto Fischer sur l'aldéhyde benzoïque trichlorée. Ces produits sont dans le commerce sous les noms de *verts solides 2 B et 3 B* (invention du Dr R. Gnehm, 1883, chimiste de la Société de Bâle). Depuis 1894, la *Société pour l'industrie chimique* prépare les *bleus glacier*, dérivés des monoalcoyl-orthotoluidines d'après les brevets : DRP. 71370 (1892) et 72992 (1893). Invention du Dr J. Schmid et de M. Bachelut.

Le bleu glacier, avec sa nuance bleu vert extra ordinairement pure, ressemble au bleu acide, et aux bleus patentés, mais se prête comme colorant basique, non seulement à la teinture de la laine et de la soie, mais aussi à la teinture et à l'impression du coton mordancé.

La monobenzyl-orthotoluidine, et son acide sulfonique, donnent de même des colorants *vert bleu acides,* de la série des verts malachites. Brevet français 226761 (Dr J. Schmid et Dr Jedlicka).

Nous rattacherons encore aux dérivés monosubstitués de l'orthotoluidine, l'*auramine G,* une nouvelle marque d'auramine lancée par la *Société pour l'industrie chimique.* DRP. 67478 (1892). — (Dr J. Schmid). L'auramine G partage les bonnes qualités de l'auramine ordinaire, mais en diffère avantageusement par la belle nuance jaune vert des teintures sur coton mordancé au tanin.

Mais on allait bientôt simplifier encore la préparation des dérivés du triphénylméthane. En 1889 l'emploi de la *formaldéhyde* dans la préparation des colorants artificiels fut découverte par *J. R. Geigy et Co,* (invention de T. Sandmeyer, brevet du *violet au chrome*) et plus tard par les Farbwerke vorm. Meister Lucius et Brüning, qui avaient trouvé que la formaldéhydaniline de Tollens, que l'on obtient facilement en partant de la formaldéhyde et de l'aniline, se condense aisément avec une seconde molécule d'aniline, pour donner du diaminodiphénylméthane, ce dernier par condensation avec une troisième molécule d'aniline donnant du triaminotriphénylméthane, c'est-à-dire la leucobase de la fuchsine.

Toutefois, l'idée d'oxyder un dérivé aminé du diphénylméthane, en commun avec une amine aromatique, se trouve déjà mentionnée dans un pli cacheté de M. Weinmann, chimiste de la maison *Geigy* (1885), et la synthèse de la fuchsine et d'autres matières colorantes de la série du triphénylméthane au moyen de la formaldéhyde, se trouve décrite dans un autre pli cacheté, déposé en 1887 à la Société industrielle de Mulhouse, par M. Walter, directeur de l'usine de couleurs d'aniline de *MM. J. R. Geigy & C°* (Bulletin de la Société industrielle de Mulhouse, février-mars 1895). *Prosper Monnet.* à la Plaine près Genève, avait aussi indiqué dans le brevet français n° 173232 du 30 décembre 1885, et dans un certificat d'addition, la possibilité de préparer de nouveaux colorants au moyen de la formaldéhyde (Zimmermann). Le procédé ne paraît pas avoir été exploité industriellement.

Si l'on remplace dans la préparation du diaminodiphénylméthane, l'aniline par le phénol, on arrive de même au dioxydiphénylméthane. Le *violet au chrome* (DRP. 49970) est le produit d'oxydation de l'aldéhyde formique avec l'acide salicylique, il a été trouvé en 1889 comme nous avons vu, et constitue un acide triphénylméthane-trioxytricarbonique. La même année, *J. R. Geigy et Co* installaient la préparation industrielle de l'aldéhyde formique.

En 1889, à Bâle, la maison *Geigy* (Sandmeyer) appliquait le tétraméthyldiaminodiphénylméthane à la préparation de l'*auramine* (D.R.P. 53614), et supprimait ainsi, dans la fabrication de ce beau colorant jaune, l'emploi du dangereux gaz phosgène. En 1892 *J. R. Geigy et Co* brevetaient (DRP. 65739, T. Sandmeyer) la préparation du *rouge méthylène* par l'action du sesquioxyde de soufre sur les bases méthane.

C'est le premier emploi du sesquioxyde de soufre servant à introduire un atome de soufre dans la molécule, et amenant en même temps l'oxydation de la leucobase.

L'ancien procédé de synthèse des dérivés du triphénylméthane au moyen de l'*hydrol,* allait bientôt retrouver d'importantes applications. La préparation difficile de l'hydrol par réduction alcaline de la *cétone de Michler* fut en effet remplacée, dès que l'on connut les bases méthanes par l'*oxydation* de ces dernières, au moyen du bioxyde de plomb. — On arrive ainsi, en employant soit la *cétone,* soit l'*hydrol,* à deux procédés de synthèse menant au même résultat.

Le procédé à l'hydrol permit bientôt à *J. R. Geigy et Co* (invention de Tr. Sandmeyer) de pré-

parer le *violet acide 6 B*. (DRP. 59811) au moyen
de la formaldéhyde et de l'acide éthylbenzylaniline
sulfonique.

Les *bleus de diphénylamine* de *J. R. Geigy et C°*
(invention de Tr. Sandmeyer), si connus depuis 1874.
sont préparés actuellement sous le nom de *bleu
Helvétie* (DRP. — 73092, 73178, 76072, 77318) par
condensation de la formaldéhyde avec la diphénylamine ou ses acides sulfoniques. — Cette découverte
donne en même temps une synthèse rationnelle des
bleus d'aniline, élimine le procédé brutal de la
fusion de la rosaniline avec l'aniline, et permet
ainsi d'observer facilement le mécanisme de la
réaction.

La préparation du *bleu de diphénylamine* au
moyen du produit de condensation de la formaldéhyde avec la diphénylamine, a été brevetée aussi
par les Farbwerke d'Höchst (DRP. 67013). Ce procédé diffère de celui de *J. R. Geigy et C°*, en ce sens
que la base méthane est soumise à une fusion en
présence de diphénylamine, de nitrobenzène et de
fer comme dans la préparation ordinaire de la
fuchsine.

L'emploi dans la teinture de la laine des acides sulfoniques des colorants de la série de la rosaniline, date
déjà de l'année 1862 (bleu de Nicholson). Jusqu'à
ces derniers temps tous ces colorants possédaient le
défaut commun d'être peu solides à l'action des
alcalis ; ces colorants, se transformant déjà par l'ac-

tion de l'ammoniaque, en carbinols incolores. En 1888 les Farbwerke d'Höchst lancèrent dans le commerce sous le nom de *bleus patentés,* des acides sulfoniques de colorants du triphénylméthane, teignant la laine en bleu vert, possédant un grand pouvoir d'unisson et chose extraordinaire une grande solidité aux alcalis! Comme nous l'avons vu, ces colorants prennent naissance par condensation de dérivés méta-substitués de la benzaldéhyde, par exemple de la méta-oxybenzaldéhyde avec les amines aromatiques alcoylées, sulfonation des produits de condensation obtenus puis oxydation des leucobases.

La cause de cette solidité remarquable aux alcalis est restée jusqu'alors inexpliquée. La maison *J. R. Geigy et C°* est arrivée à expliquer par les synthèses que nous allons exposer, l'origine de cette solidité aux alcalis, et en a tiré des conséquences précieuses au point de vue industriel.

En 1891, la maison *J. R. Geigy et C°* crut arriver par sulfonation du tétraméthyldiaminodiphénylméthane, à la préparation d'un dérivé disulfonique, mais on reconnut plus tard que l'on n'avait affaire qu'à un dérivé monosulfoné. Ce dernier, par oxydation, fournit l'hydrol correspondant, qui par condensation avec une amine tertiaire ou son acide sulfonique, donne après oxydation des colorants bleus se distinguant non seulement par une grande pureté de la nuance, mais par une solidité absolue aux alcalis. (DRP. 65017). — Cette synthèse, montrait d'une façon évidente, que la solidité aux alcalis, de même que le changement de la nuance de violet en bleu, provenait *uniquement* de la présence dans le nouveau colorant d'un groupe sulfonique entré probablement en position ortho par rapport au carbone méthanique. — Cette hypothèse fut confirmée par la synthèse d'un colorant de la série du *vert malachite* obtenu par condensation de l'hydrol avec l'acide métanilique, élimination du groupe amino par la réaction de Griess, puis oxydation de l'acide leucosulfonique obtenu. — Le nouveau colorant *bleu*, qui d'après sa constitution, est un acide ortho monosulfonique du *vert malachite* (groupe sulfonique en *ortho* par rapport au carbone méthanique) est caractérisé par une solidité absolue aux alcalis et par une nuance bleuâtre, tandis que l'acide parasulfonique est *vert* et ne résiste pas à l'action des alcalis (DRP. 80982).

Le moyen de synthèse le plus simple, pour arriver à des colorants de cette espèce, consistait dans la condensation suivie d'oxydation, de l'acide orthosulfonique des aldéhydes aromatiques, avec des amines aromatiques alcoylées. Cette synthèse a pu être réalisée aussitôt que la maison *J. R. Geigy et C°* eut trouvé le moyen de préparer ces dérivés aldéhydiques jusqu'alors inconnus. En premier lieu on essaya la transformation en groupe aldéhydique, du groupe méthyle de l'acide paranitro-orthotoluènesulfonique. On savait que dans cet acide, le groupe méthyle était

— 65 —

oxydé par l'action des alcalis, aux dépens de l'oxygène des groupes nitro, et que par soudure il se formait des dérivés azoxy ou azoïques du stilbène.

Pour éliminer l'action condensante de la soude caustique, on essaya de faire cette réaction en solution acide et M. Sandmeyer trouva en effet dans le sesquioxyde de soufre un moyen pour transformer l'acide paranitro-orthotoluènesulfonique en acide paraminobenzaldéhyde-orthosulfonique. L'étude plus approfondie de cette réaction, sur laquelle nous reviendrons plus tard, conduisit à une méthode nouvelle et très simple de préparation de la paraminobenzaldéhyde elle-même.

L'acide paraminobenzaldéhyde sulfonique ne pouvant pas être employé pour la préparation des colorants bleus verts cherchés, et la transformation en acide benzaldéhyde orthosulfonique par élimination du groupe amino ne donnant pas de bons résultats, la maison *J. R. Geigy et C°* a trouvé une nouvelle méthode qui permet la préparation industrielle, et à l'état pur, de l'acide benzaldéhyde orthosulfonique. Il a été déposé une demande de brevet pour ce nouveau procédé.

En condensant l'acide benzaldéhyde orthosulfonique avec des amines aromatiques, en particulier avec l'acide éthylbenzylaniline sulfonique, la maison *J.-R. Geigy et C°* (invention de Tr. Sandmeyer) est arrivée à préparer toute une série de nouveaux colorants bleus verts, possédant tous

5

une grande pureté de nuance, un grand pouvoir d'unisson, épuisant bien les bains de teinture et surtout résistant bien à l'action des alcalis.

La même maison a déposé une demande de brevet (invention de H. Schmid) pour la préparation de colorants bleus du triphénylméthane, par condensation des acides dibenzylaniline mono- et disulfoniques, avec l'acide monosulfonique de l'hydrol. Ces colorants présentent les mêmes qualités remarquables.

Aux colorants dérivés de la cétone de Michler nous rattacherons les *Violet P* et *DP* de la *Société pour l'industrie chimique*, DRP. 58689, 1890 (Dr J. Schmid); ces colorants qui tirent sur mordant, prennent naissance par condensation de la cétone avec le pyrogallol en solution *aqueuse* en présence d'un acide minéral même étendu, ils donnent sur laine et sur coton chromés des nuances résistant bien au foulon (DRP. 58689, 61326, 64946).

J. Schmid trouva en 1890 la formation de colorants basiques violets et bleus par condensation de la cétone avec des éthers-sels des dialcoyl-métaminophénols, de la métaoxydiphénylamine et de la métaoxyphényltolylamine, ces colorants basiques donnent par sulfonation des colorants acides. En 1891 *C. L. Müller*, de la grande fabrique allemande *Badische Anilin- & Sodafabrik*, fit la découverte très importante, que les acides sulfoniques des dérivés tolylés, possèdent des propriétés tinctoriales pré-

cieuses. Un colorant de cette série, le *Violet acide
G B N* a été lancé dans le commerce par les deux
maisons de Ludwigshafen et de Bâle.

Les deux brevets, DRP. 68665, 1892 et 72808,
1892 ; se rapportent à la préparation de nouvelles
matières premières pour la synthèse des colorants
du triphénylméthane, par benzylation du tétraméthyldiaminodiphénylméthane (Dr Mohler) et de la
tétraméthyldiaminobenzophénone (Dr J. Schmid et
J.-H. Rey).

A la série des colorants du triphénylméthane se
rattachent encore les belles matières colorantes
rouges, désignées sous le nom de *Rhodamines* découvertes en 1887 dans les laboratoires de la *Badische Anilin- & Sodafabrik,* par M. M. Cérésole,
ancien élève de l'école polytechnique de Zurich.

Ces colorants s'obtiennent, en remplaçant dans la
préparation de la fluorescéïne, la résorcine par le
diéthylmétaminophénol. On arrive ainsi à des couleurs d'un rouge merveilleux avec fluorescence
jaune, donnant sur soie des nuances qu'il était jusqu'alors impossible d'obtenir, même avec le rouge
de Magdala.

D'après une communication particulière de M. le
Dr J. Schmid, la *diphénylrhodamine* aurait déjà
été préparée en 1884 dans les laboratoires de la
Société pour l'industrie chimique, par fusion de l'an-
hydrique phtalique avec la métaoxydiphénylamine.
Ce travail avait été inspiré par une publication du

regretté Dr Calm, élève à l'Université de Zurich, qui dans son très intéressant travail sur l'action des amines aromatiques sur les phénols, se réserve expressément l'étude des produits qui prennent naissance par l'action de l'anhydride phtalique sur les aminophénols aromatiquement substitués. (Berichte der deutschen chemischen Gesellschaft XVI pag. 2812.)

La phénylrhodamine n'avait pas d'intérêt technique vu son insolubilité dans l'eau. — En 1888 on prépara toute une série de colorants analogues (Brev. fr. 190067) car on avait trouvé dans la sulfonation un moyen de rendre solubles à l'eau les phénylrhodamines (J. Schmid).

Une demande de brevet (PA. G. 4783) pour la protection de cette réaction, sur laquelle se base aussi la préparation des *Violamines, violets acides solides*, etc., fut d'abord refusée par le Patentamt, mais cependant délivrée plus tard à la *Badische Anilin- & Sodafabrik*.

Les Rhodamines, de même que les colorants dérivés de la cétone, sont exploitées en commun par la *Badische Anilin- & Sodafabrik* et la *Société pour l'industrie chimique*, sous les noms de :

Rhodamine B (1888).

Rhodamine G (1889).

Aux anciennes marques de Rhodamine B et G s'ajouta d'abord la *Rhodamine S*, un dérivé de l'acide succinique. — Le premier représentant de ce groupe, la tétraéthylmétaminophénolsuccinéïne, fut préparée en 1888 à Bâle (Prof. Dr R. Gnehm). — On reconnut plus tard les propriétés précieuses du dérivé tétraméthylé qui cristallise très bien, et se prête spécialement, au contraire des Rhodamines ordinaires, à la teinture des fibres végétales. — Ce nouveau colorant a été lancé dans le commerce en 1890 sous le nom de *Rhodamine S*. Une propriété remarquable de ce produit est de teindre en rose magnifique le coton mordancé à l'alumine, ou même non mordancé.

Le même colorant peut aussi être obtenu au moyen de la résorcinesuccinéïne. (DRP. 54997 et brev. fr. 199709 *Société. pour l'industrie chim.*) K. Heumann, professeur à l'école polytechnique de Zurich, a aussi indiqué la préparation de colorants de la série de la Rhodamine au moyen du phénylchloroforme.

Prosper Monnet, à la Plaine, découvrit les dérivés pentaalcoylés, d'une nuance rouge beaucoup plus bleuâtre, qui se forment par l'action des halogènes alcoylés sur les tétraalcoylrhodamines. *Monnet*, se basant sur le résultat inexact d'une analyse, dénomma ces nouveaux colorants *Anisolines*.

En 1892 le Dr J. Schmid de la *Société pour l'industrie chimique*, trouva une nouvelle méthode pour la préparation de l'Anisoline, consistant à traiter les Rhodamines en *solution alcoolique* par des *acides minéraux* (DRP. 71490, 1892) et établissait ainsi la

constitution des Anisolines comme éthers carboxyliques. On a réussi depuis, à produire les éthers
carboxyliques, non seulement des Rhodamines tétra-
alcoylées, mais aussi des dérivés tri- et dialcoylés et
même de la Rhodamine non alcoylée (Dr J. Schmid
et Dr H. Rey). C'est d'après cette méthode que sont
préparées les marques :

Rhodamine 3 B et

Rhodamine 6 G.

Cette dernière a été découverte simultanément
par M. le Professeur *A. Bernthsen,* directeur du laboratoire principal de la *Badische Anilin- & Sodafabrik* et par la *Société pour l'industrie chimique.*
Elle a été lancée en 1893 sur le marché.

La *Rhodamine 6 G* est destinée spécialement à la
teinture et à l'impression du coton. Elle remplace
avantageusement dans ces opérations, les matières
colorantes de la série de l'éosine, grâce à la pureté
de sa nuance, et à sa grande résistance à la lumière
et au foulon.

Nous rattacherons encore à la classe des colorants du diphényl- et triphénylméthane, les *Phosphines patentées,* colorants acridiniques, que la
Société pour l'industrie chimique a lancés dans le
commerce depuis 1894. Ces colorants prennent naissance par une alcoylation spéciale du jaune de
toluylènediamine (Dr J. Schmid et Dr Jedlicka DRP.
79703, 1894, brev. fr. 204467, 1890). Ils se trouvent
dans le commerce sous les marques :

Phosphine patentée G.
Phosphine patentée R.
Phosphine patentée M.

Ces colorants de nuance jaune orangé à brun sont destinés à remplacer dans la teinture du cuir les phosphines ordinaires, produits secondaires de la fabrication de la fuchsine.

Nous avons vu que la maison *L. Durand, Huguenin et C°* [1] préparait dès 1881, les dérivés connus sous le nom d'*indophénol* (Horace Kœchlin et O. N. Witt) et de *gallocyanine* (Horace Kœchlin).

L'indophénol, sous l'action de corps réducteurs, de même que l'indigo, se transforme en un corps incolore, une leucobase, restituant le colorant primitif par simple oxydation à l'air. Cette propriété très intéressante a été appliquée par Horace Kœchlin à la teinture au moyen de l'indophénol. Dans cette opération on emploie un procédé analogue à celui qui sert à teindre en indigo : on réduit l'indophénol par le sel d'étain ou le glucose, on imprègne du leucodérivé les fibres textiles, puis on passe en bain de bichromate à 50°.

Le leucoindophénol ou indophénol blanc, est

---

[1] Les détails concernant les produits de M. L. Durand, Huguenin & C°, sont empruntés à la brochure que cette maison a publiée à l'occasion de l'Exposition de Genève : Matières colorantes artificielles. Genève 1896. W. Kündig & fils.

veŋdu sous le nom de *Bleu Java* par la maison *L. Durand, Huguenin et C⁰*.

Malgré sa solidité au savon et à la lumière, l'emploi de cette couleur serait restreint, vu sa sensibilité aux acides et son peu de résistance au chlore, si la maison *L. Durand, Huguenin et C⁰*, n'avait essayé de l'associer à l'indigo en montant des *Cuves mixtes* à l'hydrosulfite, renfermant $2/3$ d'indigo et $1/3$ d'indophénol. L'indophénol acquiert alors une partie de la solidité de l'indigo tout en en gardant le ton, et son emploi diminue notablement le prix de revient de la teinture. D'après les expériences faites à l'usine Kœchlin, Baumgartner et C⁰, on économise 25 % sur le prix de l'indigo employé seul.

On emploie aussi l'indophénol en impression pour produire des bleus sur fond rouge.

Le *Bleu mixte* est solide et tout en se dégradant en bleu par les lavages et savonnages, il conserve une tonalité plus puissante que celle de l'indigo.

MM. *L. Durand, Huguenin et C⁰* ont fait breveter l'emploi de la *Cuve mixte* : Brev. fr. n⁰ 193325.

Les indophénols sont des dérivés de la phényle α-naphtoquinonimine. Ce sont des dérivés à chaîne ouverte du type de la diphénylamine, et par cela même peu stables. Les oxazines par contre possèdent une chaîne fermée, un anneau formé de six atomes ; quatre de carbone, un d'azote et un d'oxygène. Cette chaîne fermée rend ces dérivés très stables et les matières colorantes qui en dérivent présentent des caractères de solidité tout à fait remarquables. Ces qualités de solidité des oxazines ont engagé MM. *L. Durand, Huguenin et C*º à étudier d'une façon toute spéciale cette classe de colorants artificiels. Ces recherches entreprises il y a 15 ans et inaugurées par la découverte de la *gallocyanine,* ont conduit à la préparation d'un grand nombre de nouveaux colorants, possédant tous une valeur incontestée, grâce à la solidité des teintures et des impressions qu'ils fournissent sur mordants métalliques. Peu à peu on ne s'en tint plus au colorant initial, mais on fut amené à faire toute une série de dérivés de cette classe de colorants, connus sous le nom d'*oxazines* et dont la constitution a été établie, en grande partie, grâce aux beaux travaux de M. *R. Nietzki,* professeur à l'Université de Bâle.

Louis Durand remplaça dans la préparation de la *gallocyanine,* le tanin du procédé primitif par l'acide gallique, puis on substitua à ce dernier son *éther* ou son *amide,* et l'on arriva à des colorants actuellement connus sous les noms de *Prune* (Sandoz & Cº) et *Bleu gallamine* de *J. R. Geigy et Cº* (invention de Rod. Geigy, 1889. DRP. 48996).

Par condensation de la nitrosodiméthylaniline avec la *gallanilide,* on obtient le *Violet gallanilique,* trouvé en 1889 par M. Mohler, chimiste de la *Société pour l'industie chimique à Bâle.* Brev. français: 199850 (1889); DRP. 50998. — Tous ces brevets ont été cédés en 1890 à MM. *L. Durand, Huguenin et C°*.

La couleur rendue soluble, soit par l'action du bisulfite de soude, soit par l'acide sulfurique, teint la laine en nuances violettes. Avec la gallonaphtylamide on obtient des colorants analogues à ceux de la gallamide.

Dans ces diverses réactions on peut remplacer la nitrosodiméthylaniline par un corps aminoazoïque alcoylé, comme le diméthylaminoazobenzène ou par son dérivé sulfoné dans le noyau contenant le radical aminodialcoylé. Dans le premier cas on obtient les mêmes dérivés qu'avec la nitrosodiméthylaniline mais dans le second on arrive à des dérivés sulfonés qu'on ne peut obtenir autrement. C'est ainsi que se prépare la *Gallocyanine sulfonée,* trouvée en 1894 par M. Bierer, de la maison *L. Durand, Huguenin et C°,* (Americ. Pat. 10333) colorant soluble à l'eau sans bisulfitation et teignant la laine chromée en nuances violettes.

La *Coréine 2 R* trouvée aussi par M. Bierer en 1893, s'obtient par l'action du diéthylaminoazobenzène sur l'acide gallamique (Brev. français n° 227509 (1893). Brevet anglais n° 14137 (1891) ; DRP. 76937).

En remplaçant dans cette réaction le diéthylaminoazobenzène par son acide sulfonique, M. Bierer a préparé la *Coréine R,* dérivé sulfoconjugué de la *Coréine 2 R.* La *Coréine 2 R,* teint en bleu violacé le coton, la soie et la laine mordancés au chrome.

On a remplacé aussi dans cette réaction de H. Kœchlin, les aminoazoïques alcoylés ou la nitrosodiméthylaniline par d'autres dérivés nitrosés d'amines secondaires ou tertiaires, tels que la nitrosoéthylbenzylaniline sulfonée.

La *Muscarine* a été trouvée en 1885, ainsi qu'il ressort de plis cachetés déposés par M. Sarrauw à la Société industrielle de Mulhouse et à celle de Rouen. La préparation de la *Muscarine* par l'action de la nitrosodiméthylaniline sur le dioxynaphtalène 2 : 7, fait l'objet de différents brevets, propriété de MM. *L. Durand, Huguenin et C°*.

La *Muscarine* est un bleu de Meldola hydroxylé, qui donne sur coton mordancé au tanin et à l'émétique des bleus violets.

Les oxazines sous l'influence des amines grasses ou aromatiques se transforment en nouveaux colorants. Cette réaction a été observée pour la première fois en 1887 par O. N. Witt et a conduit à la préparation du *Nouveau Bleu méthylène GG* et de la *Cyanamine*. Elle a aussi été étudiée d'une façon toute particulière dans les laboratoires de MM. *L. Durand, Huguenin et C°*. En 1890 M. Brack a préparé une série de nouvelles matières colorantes par l'action des amines grasses sur la gallocyanine (Brevet français n° 208111 ; DRP. 57449, 65000 ; Eng. Pat. 18525, 22623 ; Americ. Pat. 497114.)

Le *Violet gallanilique* traité par une amine aromatique comme l'aniline, se transforme en *Bleu gallanilique,* trouvé en 1890 par M. Mohler de la *Société pour l'industrie chimique,* DRP. 56991 (1890) Americ. Pat. 444538; Eng. Pat. 583.

Le *Bleu gallanilique* se transforme par sulfonation en *Indigo gallanilique PS,* et ce dernier par nitration en *Vert gallanilique,* teignant la laine chromée en nuances vertes très solides, plus belles même que celle de la céruléine. (M. Brack.) Brevet français 251086.

L'*Indigo gallanilique* se trouve dans le commerce sous la marque PS, il teint la laine en bleu vif et la laine chromée en bleu verdâtre se rapprochant des bleus obtenus avec le carmin d'indigo. Les *Coréines* AB et AR résultent de l'action de l'aniline sur les coréines R ou 2 R ; dans ce dernier cas, le produit ainsi obtenu doit être sulfoné par l'acide sulfurique.

Les coréines teignent la laine chromée et la soie en nuances bleues très vives.

Brevets : Français 242956 (1894); Anglais 3854; Américains 551885.

Le *Vert solide M* a été découvert en 1894 par M. Bierer de la maison *L. Durand, Huguenin et C°,* en faisant réagir l'aniline sur la muscarine. M. R. Nietzki, qui avait déjà exécuté cette réaction, n'avait pas obtenu du vert, mais seulement un mélange de divers produits inutilisables. Brev. franç. : 235561 (1894) DRP. 79122; Engl. Pat. 14983.

Fait non encore expliqué, les phénols de même que les amines, réagissent dans certaines conditions spéciales, avec les oxazines et donnent des produits de condensation bien définis.

M. Ch. de la Harpe qui a longuement étudié cette réaction, est arrivé à préparer toute une série de nouveaux dérivés de la classe des oxazines. Ces nouveaux colorants, qui teignent en nuances bleues à bleu vert, sont désignés dans le commerce sous le nom de *Gallazines* et de *Phénocyanines,* et se distinguent par leur vivacité et leur solidité en teinture.

D'une façon générale les gallocyanines se combinent aux phénols par union directe, donnant des leucodérivés qui, par oxydation, forment des couleurs plus bleues et plus vives que les gallocyanines. On les prépare en partant soit d'un phénol sulfonique, soit de la gallocyanine sulfonée, soit encore en sulfonant le produit de l'action de la gallocyanine sur un phénol.

Les *phénocyanines* résultent de l'union d'un phénol avec une gallocyanine. Les phénocyanines sont surtout intéressantes pour l'impression du coton, par oxydation sur la fibre même. Les nuances produites par les phénocyanines et les gallazines sont extrêmement solides sur mordant de chrome.

Les *gallazines* sont obtenues par condensation des gallocyanines avec les phénols sulfonés et oxydation subséquente. Parmi cette classe de gallazines se trouvent des marques de phénocyanines spéciales pour teinture. Ces colorants surpassent comme beauté, et comme solidité au foulon et à la lumière les bleus d'alizarine.

Les oxazines se condensent aussi avec l'*hydrol* pour donner naissance à la leucobase de nouvelles matières colorantes de constitution encore inconnue.

Dès 1881, Horace Kœchlin étendit la réaction de l'indophénol, qui prend naissance, comme nous l'avons vu, par l'action de la nitrosodiméthylaniline sur l'α-naphtol, aux amines aromatiques primaires, et faisant réagir la nitrosodiméthylaniline sur la xylidine commerciale, obtint un beau colorant violet rouge : *le Giroflé*. Des travaux ultérieurs nous ont appris que la réaction ne s'arrêtait pas à la simple formation d'indamine, mais allait plus loin, et que cette nouvelle matière colorante appartenait à la classe des safranines.

Les *Bleus de Bâle* sont aussi des colorants aziniques de la série des *indulines*, ils font l'objet de divers brevets de la maison *L. Durand, Huguenin et C*[o] qui les prépare par l'action de la nitrosodiméthylaniline sur la diphénylnaphtylènediamine 2 : 7. Il existe aussi des *Bleus de Bâle* sulfoconjugués. En remplaçant dans la préparation des *Bleus de Bâle* la naphtylènediamine 2 : 7 substituée, par la diphénylmétaphénylènediamine, on arrive aux *Indazines*, colorants bleus de la série des *Safranines* et des *mauréïnes*, trouvés chez MM. *L. Durand, Huguenin et C*[o] (Brev. fr. 178364 du

6 septembre 1886). Le brevet allemand a été pris en 1888 par *L. Durand, Huguenin et C°*, et cédé en 1889 à *MM. Cassella et C°* qui préparent actuellement les différentes marques d'*Indazines*.

Nous citerons encore quoique ne faisant pas partie d'une façon bien régulière de cette classe de colorants les dérivés *nitrosés* connus sous les noms de *Chlorine, L. Durand, Huguenin et C°*, qui ne sont autre chose que des marques plus ou moins pures de *Nitrosorésorcine*, et servent à la teinture en nuances solides des tissus mordancés. La maison *L. Durand, Huguenin et C°* prépare aussi le dérivé nitrosé de l'acide β-naphtol monosulfonique (Schäffer) qui donne sur mordant de cobalt des nuances bronze très belles et très solides.

Dans la série des *oxazines* et des *thiazines* nous indiquerons encore la *Gentianine* de *J. R. Geigy et C°* (invention de Ed. Greppin). (Brev. fr. 180478, 1886) qui est un produit intermédiaire entre le *Violet de Lauth* et le *Bleu méthylène*, et que l'on obtient par oxydation de quantités équimoléculaires de paraphénylènediamine et de paraminodiméthyl-aniline en présence d'hydrogène sulfuré. La *Gentianine* est un produit homogène, dont la nuance n'était obtenue auparavant qu'au moyen de mélanges de violet avec du bleu méthylène. La *Gentianine* conserve sa nuance même à la lumière artificielle, ce qui n'est pas le cas pour les mélanges, qui paraissent rouges à la lumière du gaz.

C'est encore à la classe des azines, oxazines et thiazines que se rattachent certains colorants basiques préparés par la *Société pour l'industrie chimique*. MM. J. Schmid et J. Mohler ont obtenu un bleu par l'action des nitronaphtylamines sur la paraphénylènediamine. (Brev. français N° 220102, 1892); des gris et des noirs par l'action de la nitrosodiméthylaniline sur les aminophénols; un bleu (Bleu de Nil) par l'action de l'α-naphtoquinonechlorimine sur le diéthylmétaminophénol ou au moyen de l'α-naphtalène-azodiéthylmétaminophénol — DRP. 47375 (1888) ; 74391 (1891).

En 1895 MM. J. Schmid et Kronstein ont trouvé la transformation des indamines (acides thiosulfoniques) qui prennent naissance dans la préparation du bleu méthylène, en colorants aziniques par la simple action de l'acide sulfurique monohydraté.

*
* *

La préparation des matières colorantes azoïques qui pendant longtemps en était restée au *Brun de Manchester* de Henri Caro, au *Jaune d'aniline* et à la *Chrysoïdine* avait pris subitement depuis 1876 un développement considérable grâce à la découverte des azoïques acides de Roussin, et à la sulfonation du jaune d'aniline (Jaune solide).

Les fabricants suisses ne restèrent pas en arrière dans cette voie, et les visiteurs de l'Exposition

nationale de Zurich en 1883, purent voir toute la
série des azoïques connus, exposés dans les vitrines
de nos fabricants nationaux.

L'emploi des colorants azoïques dans l'industrie de
la teinture n'a fait que se répandre de plus en plus
depuis cette époque. Les colorants azoïques, couleurs
basiques ne pouvant servir à l'origine qu'à la teinture du coton mordancé qui, dès 1876, trouvaient un
large emploi dans la teinture des laines, allaient en
trouver un bien plus général encore, en 1884, dans
la teinture des cotons *non mordancés* sous le nom
de *colorants substantifs*.

La maison *J. R. Geigy et C°* lançait en 1883, sous
le nom de *Jaune soleil* (invention de M. J. Walter),
un colorant de la série du stilbène, obtenu par l'action
de la soude caustique sur l'acide paranitrotoluène-
sulfonique, ce colorant teignait en jaune le *coton
non mordancé*. Il en était de même de la *Canarine*,
dérivé du sulfocyanogène, dont la constitution n'est
pas encore définitivement établie et que la maison
L. Durand, Huguenin et C° préparait à cette époque
sur une grande échelle.

Ce furent les premiers *colorants substantifs*.
L'année suivante les premiers colorants *azoïques
substantifs* faisaient leur apparition. C'est en effet
en 1884 que P. Böttiger trouve que les colorants
tétrazoïques dérivés de la benzidine, teignent le
coton non mordancé en bain neutre ou alcalin. Cette
découverte qui de prime abord fut acceptée avec

défiance, a exercé sur l'industrie des colorants azoïques une impulsion extraordinaire. Les brevets Böttiger ou *Brevets Congo,* du nom du premier colorant de cette série préparé industriellement, devinrent la propriété de deux grandes fabriques allemandes qui appliquèrent à leur exploitation les méthodes scientifiques des laboratoires universitaires.

Dans la préparation de ces *azoïques substantifs,* comme on est convenu de les nommer, on fit varier tant la base diazotable, que le phénol ou l'amine qui sert à la copulation. C'est à l'industrie des *colorants azoïques* en général, que nous devons notre connaissance très étendue de la série de la naphtaline qui jusqu'alors n'avait servi qu'à la préparation du Jaune de Martius et du Rouge de Magdala.

Dans cette voie ouverte d'une façon si inattendue, les fabricants suisses ont contribué aussi dans une large mesure à l'étude de ce nouveau domaine scientifique.

Quant à la découverte de nouvelles bases diazotables, la maison *J. R. Geigy et C°* trouva en mai 1887 (DRP. 42006), (invention de H. Müller), la première base asymétrique de la série de la benzidine, le *méthoxydiaminophényltolyle.* Cette base s'obtient par copulation du diazobenzène avec le paracrésol, transformation en méthoxy, puis transposition moléculaire en base de la benzidine. L'année suivante la même maison brevetait (DRP. 52839) (invention

de Tr. Sandmeyer), la préparation du *diaminophé-
nyltolyle*, par réduction d'un produit de condensation
du nitrobenzène et de l'orthotoluidine. Cette réaction
est très intéressante au point de vue scientifique,
car c'est le premier exemple de condensation entre
un corps nitré et une amine.

Les dérivés de la naphtaline qui servent à la
copulation ont été aussi l'objet de découvertes suisses
très intéressantes. C'est ainsi qu'aux dérivés sulfoniques des naphtylamines et des naphtols vinrent
peu à peu s'ajouter des corps mixtes, des *amino
naphtols*. La *Société pour l'industrie chimique* de
Bâle, a indiqué dans les brevets allemands 44792,
47816 et 50142, une nouvelle méthode pour la préparation des aminophénols de la série du benzène
ou du naphtalène au moyen de la fusion d'une
amine sulfonée, avec la potasse caustique. Cette
réaction générale a servi de base à la préparation
d'un nombre considérable d'aminonaphtols.

Elle a été trouvée en 1888 par M. *C. Kussmaul*,
chimiste de la *Société pour l'industrie chimique*.

On avait toujours pensé jusqu'à cette époque que
par la fusion sodique du dérivé sulfonique d'une
amine, il y aurait élimination du groupe amino,
sous forme d'ammoniaque. La *Société pour l'industrie chimique*, démontra au contraire (DRP.
44792 du 18 mars 1888) que dans cette réaction le
groupe amino n'est pas attaqué, mais que le groupe
sulfonique est transformé en fonction phénolique

par la méthode bien connue de *Kékulé, Würtz* et *Dusart*.

C'est dans ce même brevet que l'on a démontré que par sulfonation des dérivés alcoyliques de l'aniline il ne se forme pas seulement le dérivé *para* sulfonique, mais aussi le dérivé *meta*, qui a un grand intérêt technique (Rhodamine).

La *Société pour l'industrie chimique* préparait la même année (DRP. 47816, 15 décembre 1888 : Dr *J. Schmid*), le premier aminonaphtol par fusion sodique (β-aminonaphtol). Celui qui est au courant de l'industrie moderne des colorants artificiels et qui connaît le nombre énorme de couleurs azoïques préparées actuellement, comprendra toute l'importance de l'introduction de la fusion sodique dans la préparation des aminonaphtols.

La fusion sodique a été étendue même aux colorants du triphénylméthane (DRP. 82223 du 9 novembre 1894) et la *Société pour l'industrie chimique* a montré la possibilité de préparer les *bleus patentés* par la fusion sodique de l'acide métasulfonique du vert malachite.

En 1888, la *Société pour l'industrie chimique* a indiqué la première, la préparation de colorants azoïques par copulation d'un diazoïque de paradiamine avec un aminophénol, montrant en même temps la possibilité de *rediazoter* le colorant formé et de le *copuler à nouveau* avec une amine ou un phénol. Le principe de cette demande de brevet

(PAG. 5137) refusée par le Patentamt, a servi depuis, de base à la préparation d'un grand nombre de colorants azoïques de nuances foncées, dont l'emploi dans la teinture des laines a pris une grande place au cours de ces dernières années.

C'est à cette classe de nouveaux colorants qu'appartiennent les matières colorantes noires, brunes et violettes que la *Société pour l'industrie chimique* prépare au moyen des dérivés obtenus par la fusion sodique des acides oxynaphtoïques sulfonés, comme :

L'acide nigrotinique (1893, DRP. 67000. Dr J. Schmid et Dr Paganini).

L'acide aminonigrotinique (1892, DRP. 69740. Brev. Fr. 224812 et 249144).

L'acide dioxynaphtoïque (1892, DRP. 69357).

Tous ces dérivés du naphtalène, se prêtent à la préparation de colorants pour laine, mais de préférence on s'en sert pour la fabrication de colorants substantifs comme les

Gris	direct	R	breveté	(1892).
Gris	direct	B	»	(1892).
Bleu	direct	B	»	(1892).
Brun	direct	J	»	(1892).

Dr J. Schmid.

La *Société pour l'industrie chimique* a encore préparé (Dr Schmid) des colorants directs (DRP. 47301, 47762, 1888) au moyen des dérivés éthyléniques du p. aminophénol, de l'aniline et de l'orthotoluidine.

Aux couleurs substantives de la série de la benzidine, se rattache encore le *Rouge d'anthracène* (DRP. 72867 et 77160) de la *Société pour l'industrie chimique,* préparé au moyen de l'orthonitrobenzidine. (Brevet français, n° 203468, 31 janvier 1890.)

Le rouge d'anthracène (Dr J. Schmid), teint en nuances particulièrement solides, plus solides même que celles que donne l'alizarine, ce qui l'a fait adopter par le gouvernement allemand, pour la teinture des uniformes militaires.

C'est à cette même classe de colorants que se rattache le *substitut de cochenille (Société pour l'industrie chimique)* qui, d'après les essais de E. Kopp, donne dans l'impression de la laine et de la soie des nuances beaucoup plus solides que celles que donne la cochenille naturelle.

Le *Bleu indigo direct* de la *Société pour l'industrie chimique* (DRP. 83244 du 17 octobre 1893, Dr J. Schmid) est un tétrazoïque dont l'un des composants est la para-crésidine.

C'est aussi pour la teinture de la laine en noir intense et solide, que la *Société pour l'industrie chimique* prépare son *noir acide pour laine* (Dr Schmid et Dr Rey, 1894).

La *Société pour l'industrie chimique* (Dr Schmid et Holzach) a breveté aussi (DRP. 66838 et 67240) la préparation de colorants azoïques pour laine, au moyen de certains acides sulfoniques de l'α-naphtol.

Ces colorants rouges traités sur la fibre par le bi-chromate de potasse se transforment, chose extraor-dinaire, en colorants violets à bleu noir ; propriété que jusqu'alors on n'avait attribuée qu'aux *Chro-motropes* des Farbwerke Höchst.

Le *noir G,* de la *Société pour l'industrie chimique,* est un dérivé azoïque d'une *monoalcoyl-β naphtyl-amine* (Dr J. Schmid).

Le point de départ pour la préparation du *noir d'anthracène* (Brev. français nº 249696, du 18 août 1895, Dr J. Schmid et Jedlicka) est l'acide 1 : 8 naphtylènediamine 3 : 6 disulfonique, copulé à deux dérivés diazoïques, dont l'un est le dérivé dia-zoïque de la paranitraniline ou de l'acide nitrosulf-anilique. Tous ces colorants sont extrêmement soli-des au lavage et à la lumière.

La *Société pour l'industrie chimique* prépare sous le nom de couleurs *triamines* (Brevet français nº 249149, du 24 juillet 1895, Dr J. Schmid) une série de couleurs substantives qui prennent nais-sance par copulation de deux molécules d'un dérivé tétrazoïque avec une molécule d'un dioxynaph-talène ou d'un aminonaphtol. (Acide aminonigroti-nique, acide aminonaphtol-disulfonique, acide nigro-tinique.) Après copulation chacun des tétrazoïques dispose encore d'un groupe diazoïque, qui pourra être copulé à une amine ou à un phénol. De cette façon on arrive à des azoïques extrêmement com-plexes auxquels se rattachent les colorants suivants :

Noir triamine B et BT breveté 1895.

»	»	BX et GX	»	1895.
Bleu triamine			»	1895.
Brun triamine			»	1895.
Bronze triamine			»	1895.
Vert triamine			»	1895.
Olive triamine			»	1895.

La maison *L. Durand, Huguenin et Cᵒ* a préparé
dès 1876 les *Ponceaux acides*, puis les *Carminaph-*
tes, les *Bruns AS* (Nitrobenzène-azo-salycilique nitré), la *Roxamine* (dérivé du dioxynaphtalène 2:7),
le *Jaune FS* qui est un dérivé de la fuchsine ou de
la fuchsine acide diazotée, et combinée à l'acide salicylique. On obtient ainsi un très beau jaune analogue au *Jaune d'alizarine* de Nietzki. La maison
L. Durand, Huguenin et Cᵒ prépare aussi la *Nar-*
céine, couleur azoïque rendue soluble par le bisulfite
(procédé appliqué pour la première fois par Horace
Kœchlin en 1876 à l'impression de la céruléïne).
puis les *Bruns NP et NPJ* (Brevets français nᵒ211374,
1891) qui sont obtenus par copulation du dinitro-
diazobenzène avec le pyrogallol. *M. Brack* de la
maison *L. Durand, Huguenin et Cᵒ* a préparé ces
dernières années toute une série de colorants substantifs désignés sous le nom générique de *Jaunes*
Mékong, dont le composé caractéristique est le
dioxydiphénylméthane. Ce dernier peut s'obtenir
facilement par condensation de l'aldéhyde formique
avec le phénol, ou par diazotation du diaminodiphé-

nylméthane. Le dioxydiphénylméthane possède la propriété de se combiner à *deux molécules* de diazoïques. Traité par le sesquioxyde de soufre il donne un dérivé sulfuré, susceptible lui aussi de servir à la préparation de colorants azoïques.

Se rattachant aux bases diazotables, quoique étant elle-même un colorant, nous citerons la *Primuline,* découverte par A. G. Green en 1887, en chauffant la paratoluidine avec du soufre. Ce colorant fut étudié pour la première fois par Tr. Sandmeyer et préparé en grand sur le continent par la maison *J. R. Geigy et C*° qui le mit en vente sous le nom de *polychromine*. La *polychromine* est, non seulement un colorant substantif, mais c'est aussi une base diazotable, dont le dérivé diazoïque copulé avec l'acide salicylique donne le *Jaune Oriol* (U. S. A. Pat. 398,990, invention de J. Walter). La maison *J. R. Geigy et C*°, a lancé en 1889 (Brev. français, 203439, invention de J. Walter) sous le nom de *Terra cotta F*, un colorant azoïque substantif qui prend naissance par l'action simultanée du dérivé diazoïque de la polychromine, et du dérivé diazoïque d'une naphtylamine sulfonée, sur une molécule de métatoluylènediamine. La combinaison diazoïque de la polychromine traitée par l'ammoniaque se transforme en un beau colorant jaune, breveté sous le nom de *Mimosa* (DRP. 53666) et dont le mécanisme de formation n'est pas encore bien éclairci.

L'étude du *jaune soleil,* amena Ch. Ris de la maison *Geigy,* à la préparation de toute une série de colorants substantifs dérivés du stilbène. Les brevets allemands DRP. 46252 et 48528[1] contiennent la description de procédés pour préparer de nouveaux colorants substantifs, produits de réduction du *jaune soleil,* par l'action de la soude caustique sur l'acide p. nitrotoluènesulfonique, en présence de *substances oxydables.* Les substances oxydables des brevets précédents n'entrent pas dans la molécule du colorant. Par contre les substances citées dans les brevets de *J. R. Geigy et C°,* comme les paradiamines et comme les paraminophénols, se condensent sous l'influence de la soude caustique avec l'acide paranitrotoluène sulfonique pour donner de véritables dérivés azoïques. La formation de dérivés azoïques se démontre d'une façon certaine, par l'action des réducteurs qui transforment les nouveaux colorants en acide diaminostilbène-sulfonique et paradiamine ou paraminophénol, d'après la réaction bien connue et généralisée par O. N. Witt.

Ce nouveau procédé de préparation des azoïques est analogue à la préparation précitée de l'azobenzènetoluène par condensation du nitrobenzène et de l'orthotoluidine.

C'est par ce nouveau procédé que se prépare la *polychromine B de J. R. Geigy et C°* (invention

---

[1] M. A. Leonhardt & C°, à Mulheim.

de Ch. Ris) (1890, DRP. 59290) au moyen de la paraphénylènediamine. Ce colorant se laisse diazoter sur la fibre et copuler à nouveau. Le *Jaune arnica* (invention de Ch. Ris) (1892, brev. fr. 222554) s'obtient de même en remplaçant la p. diamine par le paraminophénol. L'*Orangé de Chicago* (1893, DRP. 75326) (invention Ch. Ris) est préparé au moyen de la benzidine.

Comme nous l'avons vu plus haut, l'action des alcalis sur le nitrotoluène, ou son acide sulfonique, détermine non seulement l'oxydation du groupe CH_3 aux dépens de l'oxygène du groupe nitro, mais en même temps la soudure de deux radicaux et la formation de dérivés azo ou azoxy du stilbène.

M. Traugott Sandmeyer, de la maison *J. R. Geigy et C°*, entreprit des recherches ayant pour but de produire l'oxydation du groupe méthyle en solution acide, de façon à éliminer l'action condensante de la soude caustique, et à arriver ainsi à transformer le groupe méthyle en groupe aldéhydique. — L'expérience a vérifié cette hypothèse et l'on arrive depuis quelques mois à préparer industriellement certains dérivés de l'aldéhyde benzoïque par ce nouveau procédé.

Si l'on fait réagir le sesquioxyde de soufre sur le paranitrotoluène, ou son acide sulfonique dissout dans de l'acide sulfurique concentré, il y a non seulement transformation du groupe méthyle en groupe aldéhydique, mais en même temps réduction totale du groupe nitro en groupe amino, avec formation de *paraminobenzaldéhyde,* ou de son acide sulfonique.

Des essais entrepris pour établir exactement le rôle du soufre dans cette réaction, conduisirent au résultat très inattendu que les alcalis caustiques, aussitôt qu'ils contiennent du *soufre* en solution, n'agissent plus sur les dérivés nitrés du toluène. avec formation de colorants de la série du stilbène mais bien avec formation de *paraminobenzaldéhyde* identique à celle que l'on obtient au moyen du sesquioxyde de soufre.

La préparation de ces dérivés de la benzaldéhyde qui jusqu'alors était très difficile, est devenue une des opérations techniques les plus simples.

La paraminobenzaldéhyde se laisse facilement diazoter, puis copuler aux amines et aux phénols. — Les colorants azoïques obtenus possèdent la propriété de toutes les aldéhydes, de se combiner aux hydrazines en donnant des hydrazones très coloréés, généralement en violet, bleu et noir. — La maison *J. R. Geigy et C°* prépare sous le nom de *chromazones.* toute une série de colorants azoïques, dérivés de la paraminobenzaldéhyde. Le *bleu chromazone* (1895, brev. fr. 248,517 DRP. 85233) est constitué par le dérivé azoïque obtenu au moyen de l'aldéhyde paraaminobenzoïque et de l'acide chromotropique (1 : 8 dioxynaphtalène 3 : 6 disulfonique) ou acide de Koch. — Ce colorant donne un beau bleu sur laine chromée, on peut aussi l'imprimer en présence d'acétate de chrome.

Nous attirerons l'attention sur le fait intéressant suivant, c'est que l'on peut développer directement sur la fibre le colorant hydrazonique. Ainsi on peut teindre la laine avec le colorant rouge, obtenu par copulation de la paradiazobenzaldéhyde avec l'acide chromotropique, puis imprimer le dérivé hydrazinique convenablement épaissi. Un simple vaporisage, ou plus simplement encore une exposition à l'air, suffit pour développer la couleur bleue sur fond rouge.

Le colorant obtenu par copulation de la paradiazobenzaldéhyde avec l'acide naphtoldisulfonique, teint la laine en *orange,* par impression d'hydrazine on forme un *prune foncé.* — De même avec le colorant formé par copulation de la paradiazobenzaldéhyde avec l'acide 1 : 8 aminonaphtol 3 : 6 disulfonique, on obtient sur laine un *violet,* virant au *bleu* par impression d'une hydrazine.

Ces colorants azohydrazoniques ont aussi la propriété de teindre le coton non mordancé.

Depuis quelques mois on a réalisé de deux côtés à la fois, la transformation des colorants azoïques *pour laine,* en colorants substantifs *pour coton.*

La première de ces tentatives a été faite par MM. Suckow et Holt dans les laboratoires de la *Badische Anilin- & Sodafabrik,* en soudant deux molécules de colorants monoazoïques par oxydation, au moyen

de la méthode que F. Reverdin et de la Harpe ont employée pour la préparation de la *naphtidine*. La seconde tentative a été faite par la *Société pour l'industrie chimique*, (Dr J. Schmid et Dr H. Weil), en
faisant réagir les colorants monoazoïques pour laine,
obtenus au moyen de la p.diazobenzaldéhyde, sur une
molécule d'hydrazine (diamide de Curtius). La soudure des deux molécules de monoazoïque étant faite,
on obtient ainsi des colorants substantifs tirant sur
coton.

On arrive aux mêmes colorants, en condensant
deux molécules de p. diazobenzaldéhyde, avec une
molécule d'hydrazine (diamide) puis copulant ensuite avec des amines ou des phénols.

Une matière colorante qui a trouvé un très grand
emploi dans la teinture des laines en jaune, est la
tartrazine, trouvée par J. H. Ziegler en 1884 dans
les laboratoires de la *Société pour l'industrie chimique* (DRP. 34294). La *tartrazine* est l'acide phénylhydrazone-sulfonique de l'acide dioxytartrique.
Ce colorant donne sur laine de très belles nuances
jaunes, très solides. Il est exploité depuis 1885 par
la *Société pour l'industrie chimique* et la *Badische
Anilin- & Sodafabrik.*

Pendant longtemps il a été admis qu'il était impossible de copuler un diazoïque ordinaire avec le
pyrogallol (en solution alcaline). La maison *J. R.
Geigy et Co* a trouvé (Ch. Ris) que les *paradiazophénols* et les *paradiazoamines,* font exception à cette rè

gle, et se combinent très facilement avec le pyrogallol en solution alcaline, en donnant des colorants bruns tirant sur mordants. Le fait n'est pas encore expliqué mais il est probable que la substitution en para d'un groupe hydroxyle ou amino, ou d'un groupe nitro (bruns NP et NPJ de *L. Durand Huguenin et C°)* est la cause de cette copulation facile.

C'est à cette série qu'appartiennent les colorants connus sous les noms de :

Brun au chrome RR (1893, DRP. 81109) (Ch. Ris) que M^{rs}*J. R. Geigy et C°* obtiennent par copulation, avec le pyrogallol, du diazoïque de l'acide paraminophénol-disulfonique. Ce colorant sert en impression sur coton, et peut être rongé avec une grande facilité.

Azochromine (1893, DRP. 81109) (Ch. Ris) qui s'obtient par copulation, avec le pyrogallol, du dérivé diazoïque du paraminophénol. Ce colorant donne sur mordant de chrome de beaux tons bruns.

Azogalleïne (1894, DRP. 81376) (Ch. Ris) colorant obtenu par copulation, avec le pyrogallol, du dérivé diazoïque de la diméthylparaphénylènediamine. Cette matière colorante donne sur chrome des nuances variant du violet gris au noir foncé.

La *Société pour l'industrie chimique* prépare aussi un *brun au chrome* (DRP. 66975 du 29 décembre 1891) par copulation en *solution acide* du dérivé diazoïque de l'acide m. aminobenzoïque avec le pyrogallol. Ce colorant teint la laine chromée en un beau brun jaunâtre.

On prépare industriellement, par sulfonation du β naphtol, deux acides disulfoniques, connus sous les noms de *sel R* et *sel G*. Ce dernier (OH. SO_3H. SO_3H. — 2 : 6 : 8) traité par l'ammoniaque, se transforme en acide naphtylamine-disulfonique, qui par fusion avec la soude donne l'*acide γ-aminonaphtol sulfonique*. Cet acide aminonaphtol-sulfonique a trouvé dans la préparation des azoïques, et particulièrement dans celle des couleurs *Diamines* de la maison L. Cassella et Co de Francfort, un très large emploi. La maison *J. R. Geigy et Co* obtient par alcoylation de cet acide aminonaphtol-sulfonique de nouveaux dérivés qui servent de base à la fabrication d'une série de colorants azoïques. possédant des qualités égales ou supérieures à celles des couleurs *Diamines*.

Ces nouveaux colorants (trouvés par Chr. Ris) sont fabriqués sous les noms de :

Bleu noir Chicago (1895). Donne sur coton non mordancé des nuances bleues noires très solides.

Noir Chicago R (1895). Teint le coton en nuances grises à noires.

Noir Chicago S (1895). Teint le coton non mordancé en noir foncé.

Brun Chicago NB (1895). Teint le coton en nuances brunes très soli-

                  des (grand pouvoir
                  de coloration).

Violet Chicago   (1895) Teint le coton en nuan-
                  ces violettes très soli-
                  des.

La maison *J. R. Geigy et C⁰,* fabrique aussi, en commun avec la *Badische Anilin- & Sodafabrik,* le *Bleu Indoïne* trouvé par M. Paul Julius en 1891, dans les laboratoires de Ludwigshafen. La méthode trouvée par Chr. Ris de la maison *J. R. Geigy et C⁰* est décrite dans un pli cacheté déposé à la Société industrielle de Mulhouse.

C'est aussi à cette classe de colorants que se rattache le Bleu Indoïne hydroxylé obtenu par M. J. Schmid en copulant des diazo-safranines avec les dioxynaphtalènes.

Nous citerons encore un produit intermédiaire servant à la préparation du brun au chrome : *l'acide paraminophénol-disulfonique* que *MM. J. R. Geigy et C⁰* obtiennent depuis 1891. (DRP. 65236) (invention de Tr. Sandmeyer), par l'action du bisulfite de soude sur la nitrosodiméthylaniline. Le bisulfite agit comme agent de sulfonation, et élimine en même temps le radical de la diméthylamine, qui est remplacé par un groupe hydroxyle.

Cette rapide esquisse des découvertes réalisées par nos *principaux fabricants* suisses depuis 1883, est certainement incomplète, et ne peut donner une idée exacte de l'état actuel de l'industrie des matières colorantes dans les quatre pays Européens qui se partagent cette fabrication.

L'Allemagne a contribué d'une manière tout à fait remarquable à l'avancement de nos connaissances dans ce domaine de l'activité humaine. D'après un organe allemand, l'année 1894 a vu apparaître 142 nouveaux colorants, dont 116 étaient les fruits de découvertes allemandes, 15 (un peu plus du dixième) provenaient de fabriques suisses et 11 de pays étrangers (France et Angleterre).

Le nombre des colorants dérivés de l'alizarine a augmenté dans une large mesure grâce aux travaux des fabriques allemandes. Au *rouge, à l'orangé et au bleu d'alizarine*, sont venus s'ajouter le *vert d'alizarine*, l'*indigo d'alizarine*, le *bleu d'anthracène*, et les *Cyanines* de Bayer. Ces différents colorants qui ne sont autre chose que des dérivés hydroxylés des colorants primitifs, ont été trouvés en grande partie par M. René Bohn, qui le premier a reconnu les propriétés oxydantes de l'acide sulfurique fumant. La constitution de ces divers colorants a été établie par M. Ch. Græbe, professeur à l'Université de Genève.

Une des plus intéressantes découvertes qui aient été faites au cours de ces dernières années, est sans contredit celle des *nitrosamines*, par MM. C. Schraube et Schmid, et simultanément par M. Bamberger,

professeur au Polytechnicum de Zurich. L'emploi
des nitrosamines dans la teinture (composé diazoïque sous sa forme stable) a permis d'étendre et de
simplifier la méthode de teinture, proposée en 1888
par A. G. Green, pour la *primuline* (Ingrain co-
lours) consistant à former sur la fibre textile
même le colorant azoïque. On obtient ainsi des
nuances très solides, qui ne *dégorgent* pas au lavage,
propriété très importante dans l'impression sur fond
blanc, et qui permet de conserver des blancs purs.

Les laboratoires des fabriques de matières colorantes travaillent sans trève, non seulement à la
recherche de nouvelles matières colorantes, mais
aussi et surtout au perfectionnement de ces dernières (au point de vue de la solidité) et à l'étude
de leur application sur la fibre. Chaque fabrique
possède sa teinturerie spéciale dans laquelle, avant
de lancer un nouveau colorant dans le commerce,
on en étudie les propriétés tinctoriales et le meilleur mode d'emploi.

La guerre acharnée que depuis 40 ans les colorants artificiels livrent aux colorants naturels tou-
che à sa fin. Ces derniers ont encore à peine trois
représentants debout : *la graine de Perse* [1] dont
l'emploi diminue chaque année, puis *l'indigo* et le
bois de Campêche qui, nous devons le reconnaitre,

---

[1] Un dérivé de la série du *Jaune indien* (euxanthone) dont la
synthèse a été effectuée dernièrement par M. Ch. Græbe, à l'Université de Genève.

ont conservé toute leur vigueur. La constitution du *bois de Campêche* est encore inconnue, mais celle de l'*indigo* depuis les remarquables travaux de Ad. Bæyer a été établie au moyen d'un grand nombre de synthèses, dont l'une entre autres. est réalisée industriellement par *MM. Kalle et C⁰*, qui livrent au commerce sous le nom de *sel d'indigo*, le produit de condensation de l'aldéhyde orthonitrobenzoïque avec l'acétone, rendu soluble au moyen du bisulfite de soude.

Une synthèse non moins intéressante que celles de Bæyer, a été réalisée par le regretté *Carl Heumann*, professeur au Polytechnicum de Zurich, au moyen du phénylglycocolle (1890, DRP. 54626) qui par fusion avec de la potasse donne de l'indigo. Les brevets Heumann sont la propriété de la *Badische Anilin- & Sodafabrik,* qui prépare d'après eux sous le nom d'*Indophore* un mélange d'indoxyle et d'acide indoxylique. L'*Indophore* imprimé sur la fibre, donne après passage en chlorure ferrique, les tons bleus pur de l'indigo synthétique.

Mais la chimie des dérivés du goudron de houille ne s'en est pas tenue à la seule préparation des matières colorantes. William-Henry Perkin, dès 1856, cherchait déjà à réaliser la synthèse de la *Quinine* par oxydation de l'allyltoluidine, étude qui le mena comme nous l'avons vu à la découverte de la promière couleur d'aniline : la *mauvéine*. C'était le premier effort tenté pour retirer un produit pharmaceutique du goudron de houille, et si cette tentative échoua il n'en fut pas de même des suivantes. C'est au goudron de houille que nous devons l'*antifébrine* ou *acétanilide*, le fébrifuge bien connu, l'*acide phénique* et tous ses dérivés qui servent de désinfectant, la *résorcine médicinale*, l'*antipyrine*, la *phénacétine*, puis toute une série d'alcaloïdes.

J. R. Geigy et C° brevetaient en 1891 (DRP. 75854, invention de Tr. Sandmeyer) la préparation de la *Méthylphénylhydrazine*, corps intermédiaire pouvant servir à la préparation de substances médicinales. La *Méthylphénylhydrazine* est préparée par un procédé particulier, consistant à réduire l'hydrazone obtenue par condensation de la phénylhydrazine avec la formaldéhyde. C'était le premier exemple d'alcoylation d'un groupe amino au moyen de la formaldéhyde. La *Société pour l'industrie chimique* a lancé dans le commerce sous le nom de *Malakine* un dérivé de l'aldéhyde salicylique, un antirhumatismal très efficace (DRP. 79857, 1893, Dʳ J. Schmid).

M. Nencki, alors professeur de chimie à l'Université de Berne, a trouvé en 1886 le *salol*, dont la maison *L. Durand, Huguenin et C°* a acquis le droit d'exploitation ; elle y a adjoint les médicaments connus sous les noms de *Bétol* (salicylate de β-naphtol), *Crésalol, Gallanol, Gallobromol*, etc.

La *Société pour l'industrie chimique* a breveté

7*

(DRP. 39149, du 5 juin 1886), la séparation de l'éther acétylacétique qui sert dans la préparation de l'antipyrine, au moyen de l'éthylène-diamine, ainsi que la préparation de dérivés du pyrazolone (DRP. 89563, 39564, 4 mai 1886) au moyen de l'hydrazobenzène.

La *Société pour l'industrie chimique* s'est réservée le droit (DRP. 50835, 1889, R. Gnehm et J. Schmid) de préparation des acides carboxyliques des phénols de la rhodamine (dialcoyl-m.-aminophénols). Ces acides carboxyliques sont des poisons violents, et exercent sur l'organisme une action analogue à celle de la strychnine.

C'est aussi à la chimie moderne que nous devons la *Migrainine* (mélange d'antipyrine, d'acide citrique et de caféine), puis la *Ferratine* (ferroalbuminate assimilable) surrogat du quinquina. Les fabriques de produits organiques viennent aussi de s'emparer des procédés de la *sérothérapie* de MM. Roux et Behring, et livrent à la consommation des *serums* titrés d'une composition et d'une énergie toujours égale, que l'on utilise dans la cure de la diphtérie. Sous le nom d'*antinonine* (dinitrocrésol) de Bayer à Elberfeld, on trouve depuis quelque temps dans le commerce un insecticide efficace contre les chenilles qui s'attaquent aux jeunes arbres de nos forêts.

La chimie moderne va plus loin, après les matières colorantes aux teintes merveilleuses, les explosifs à l'action formidable, les médicaments précieux, elle nous donne les parfums les plus délicats de la vanille (*Vanilline*) de la violette (*Ionone, pseudo-ionone, irone*) de l'héliotrope (*héliotropine*) du musc (*trinitroisobutyltoluène*), elle nous donne aussi les essences comestibles comme l'essence d'ananas, de pommes, d'abricots, d'amandes amères, de cognac, d'anis, de menthe, etc. Elle va plus loin encore, elle nous donne les sucres artificiels sous forme de *dulcine* et de *saccharine* corps dont le pouvoir édulcorant est 500 fois supérieur à celui du sucre de canne. Le point de départ pour la préparation de la saccharine est l'acide ortho-toluène-sulfonique. La *Société pour l'industrie chimique* (DRP. 68708 du 19 août 1892, Dr J. Schmid) a remplacé l'ancien procédé de sulfonation du toluène suivi de la séparation des acides isomères *ortho* et *para* formés, par la transformation de l'acide parahydrazinetoluène-sulfonique, qui se décompose sous l'action des alcalis avec dégagement d'azote ; on obtient de cette manière l'acide ortho-toluène-sulfonique chimiquement pur. Ce dernier sert à la maison bâloise à la préparation de sa *saccharine cristallisée*, qui se trouve dans le commerce sous les noms de *hydrosucre absolu* et *hydrosucre sodium*.

C'est aussi la chimie organique qui a donné à la photographie un de ses premiers révélateurs : le *pyrogallol*, qui après avoir été un peu délaissé retrouve à l'heure actuelle plus de succès que jamais.

Une foule considérable de révélateurs organiques ont été proposés depuis, comme l'*hydroquinone*, puis les aminophénols de la série du benzène et du naphtalène. C'est à cette première catégorie que se rattachent les développateurs brevetés par la *Société pour l'industrie chimique* (DRP. 68707 et 70541, 1892). Ils constituent le dérivé bisulfitique, bien cristallisé et stable, de la combinaison des paraminophénols avec la formaldéhyde. A la seconde catégorie appartient l'*iconogène* du Dr Andresen (Acide 1 amino. 2 naphtol. 6 sulfonique) et le *Phanérogène* de MM. *F. Reverdin et de la Harpe*. Le Phanérogène est l'acide 1. amino. 2. naphtol. 3. carboxylique.

Les matières colorantes elles-mêmes ont trouvé aussi leur emploi dans les procédés photographiques, pour la préparation des plaques orthochromatiques. Le sensibilisateur le plus anciennement employé est le *Rose Bengale* d'Emilio Nölting. M. le Prof. *J.-M. Eder* de Vienne a démontré dernièrement, que les rhodamines obtenues au moyen des acides di et tétrachlorophtaliques, et surtout les éthers trouvés par J Schmid sont des sensibilisateurs excellents (Brev. fr. 190143 du 21 avril 1888. *Soc. pour l'industrie chimique*).

* * *

Dans cette esquisse, trop rapide à notre gré, nous n'avons pas la prétention d'avoir exposé d'une façon complète les résultats multiples et vraiment merveilleux auxquels est arrivée l'industrie des dérivés du goudron de houille. Nous avons simplement essayé de montrer, à l'occasion de l'Exposition nationale de Genève, quels ont été les progrès principaux réalisés en Suisse depuis 1883.

L'industrie des colorants artificiels et des dérivés organiques retirés du goudron de houille présente un grand intérêt, en ce sens que créant de toutes pièces, avec des substances de peu de valeur intrinsèque, des matières de valeur marchande considérable, elle répond au double rôle que doit se proposer toute industrie : former et répartir la richesse. Constituant ainsi un puissant élément d'activité, elle concourt dans une large mesure à notre prospérité nationale.

www.ingramcontent.com/pod-product-compliance
Ingram Content Group UK Ltd.
Pitfield, Milton Keynes, MK11 3LW, UK
UKHW022059070726
13613UKWH00002B/869